AF430547

UN VIAJE
EXTRAORDINARIO

Sergio Tricio

UN VIAJE EXTRAORDINARIO

La importancia de las finanzas personales y el camino para alcanzar la libertad financiera

EDITORIAL
LETRA MINÚSCULA

Primera edición: octubre de 2024
ISBN: 978-956-418-943-7
Copyright © 2024 Sergio Tricio
Editado por Editorial Letra Minúscula
www.letraminuscula.com
contacto@letraminuscula.com

Quiero agradecer a los principales motores que me impulsan a intentar ser una mejor persona cada día: a mis hijos Camila y Vicente y mi señora Soledad.

Gracias a mis padres, por entregarme tantos valores y apoyarme sin condiciones.

Y finalmente, gracias, Carlos por creer y acompañarme en este largo camino, sin ti no podría haberlo logrado.

ÍNDICE

Sergio Tricio Carreño (44) es Experto en Educación Financiera, Finanzas Personales e Inversiones. Es Contador Auditor de la Pontificia Universidad Católica de Valparaíso, y Master en Dirección Financiera de la Universidad Adolfo Ibáñez. Además, es Coach PNL con certificación ACTP de la escuela italiana Allenati per l'Eccellenza. Actualmente es CEO de Patrimore, la primera empresa de planificación y educación financiera de Chile, de la cual también es su fundador.

"Nunca he tenido problemas con la motivación. Siempre he tenido sueños. No siempre he cumplido todos mis sueños, pero he soñado cosas increíbles".

Rafael Nadal

"Nunca dejes que nadie te diga que no puedes hacer algo. Ni siquiera yo. Si tienes un sueño, tienes que protegerlo. Las personas que no son capaces de hacer algo por ellos mismos, te dirán que tú tampoco puedes hacerlo. ¿Quieres algo? Ve por ello y punto".

Will Smith interpretando a Chris Gardner y hablándole a su hijo en la película "En Busca de la Felicidad"

"¿Qué tiene que ver el coaching con los sueños? El coaching trata del cambio, de cómo hacer cambios. El coach es un mago del cambio que toma las cartas que tienes y te ayuda a jugarlas mejor, a cambiar las reglas del juego o a encontrar un juego mejor. Los cambios se originan en el sueño de algo mejor. Cuando ya hemos alcanzado un sueño, miramos más allá y volvemos a soñar. Siempre hay otro sueño después del sueño".

Joseph O'Connor – Andrea Lages en el libro Coaching con PNL

PALABRAS DEL AUTOR

Un aspecto demasiado relevante a la hora de construir un plan financiero es el objetivo, la meta, lo que queremos lograr. Sin embargo, el querer cambiar el automóvil, financiar un postgrado o simplemente comenzar a ahorrar, no son objetivos que muchas veces nos hagan vibrar.

Por eso, es muy importante conectarnos con el niño que llevamos dentro. ¿Qué queríamos hacer cuando teníamos 10 años, o en plena adolescencia?, ¿cuáles eran nuestros sueños? Si tuviéramos tiempo y dinero, ¿qué haríamos?

Me considero una persona muy feliz y, cuando estamos en ese estado, es probable que nos sintamos cómodos y se pierda un poco la ambición. De hecho, quedé impresionado cuando me di cuenta que había dejado de soñar, de cómo esos sueños habían quedado guardados en el baúl de los recuerdos.

A mí, desde niño me encanta el tenis, y se me había olvidado lo ilusionado que me sentía al ver por televisión los grandes torneos del mundo, como son los cuatro Gran Slam, el Abierto de Australia, Roland Garros en Francia, Wimbledon en Inglaterra y el Abierto de EE.UU.

A mis treinta y tantos años, con un buen trabajo, responsabilidades varias que enfrentar todos los meses, pagar una hipoteca, las vacaciones anuales y mantener un estilo de vida "acorde" al de mis pares, este sueño había quedado en el baúl de los recuerdos. Sin embargo, después de muchos estudios formales y, por sobre todo, muchos libros de inversiones, educación financiera y desarrollo personal, llegó a mis manos *"La semana laboral de 4 horas"* de Tim Ferris, en donde pude conocer un concepto que me voló la cabeza: las minijubilaciones.

Desde ese momento mis metas y objetivos, que siempre estuvieron muy presentes, se convirtieron en sueños que me permitieron volver a ganar motivación, para impulsar con más fuerza mi pasión por ayudar a las personas a educarse y planificarse financieramente. Desde ese momento no he dejado de pensar en cuándo y cómo lograré conocer los 4 Gran Slam, realizando el primer check con Roland Garros en 2023.

También despertaron otros sueños, como establecerme y vivir en el sur de Chile, así como seguir viajando por el mundo, haciendo lo que me gusta relacionado a la divulgación financiera. Además, quiero vivir muchos años y tener una vejez saludable, lo que ha despertado mi pasión por el running, que combina de manera perfecta con el correr en diferentes maratones, conociendo muchas ciudades y países por el mundo.

Sin embargo, esto recién comienza. Año tras año cambian los objetivos, se modifican los sueños y se agregan algunos nuevos. Me entusiasma poder comentarles algunos pasajes de este viaje extraordinario que se encuentra en desarrollo y que seguirá agregando capítulos, los que en el futuro espero seguir compartiendo con ustedes, siempre relacionados a las finanzas y desarrollo personal, inversiones y todo lo que pueda tener relación con el dinero que, en definitiva, es un medio para alcanzar un fin mayor, como es la realización personal y felicidad.

PRÓLOGO DE TOMÁS CASANEGRA

Buffett cuenta que siendo muy joven, aprendió de Graham que no era necesario hacer cosas extraordinarias para obtener resultados extraordinarios. Y es en ese sentido que los quiero invitar a leer este excelente libro de Sergio. Su Viaje Extraordinario, viaje que yo también he vivido, no es extraordinario porque esté lleno de situaciones únicas o triunfos sin parangón que logran cambiar la vida de cualquiera de un día para otro. Es extraordinario por la perseverancia, constancia y convicción de estar viajando en la dirección correcta para obtener un resultado extraordinario, ¡Extraordinario para ti!

A Sergio lo conocí hace algunos años cuando me invitó a un café para hablar de nuestro interés común, la educación financiera. Supongo que mi vocación de profesor me llevó a aceptar la invitación con gusto. Rápidamente vimos que nuestro diagnóstico era compartido, y se sintetizaba en cómo los pequeños inversionistas, a grosso modo, cometían sistemáticamente el mismo error: ponían la carreta delante de los bueyes. Invertían antes de tener ahorros; invertían antes de aprender a "no invertir"; invertían sin saber en qué estaban invirtiendo; y lo peor de todo, invertían sin conocerse a sí mismos.

Vamos por partes...

Antes de aprender a invertir, hay que aprender a ahorrar. La razón es simple, un 500% de cero sigue siendo cero. Quien no sabe ahorrar no tiene mucho que hacer invirtiendo, ya que el insumo de cualquier inversión es el ahorro. ¿Y la deuda? Podría escribir muchas páginas al respecto, pero me quedo con algo que dice Buffett sobre ella: si eres listo, no la necesitas; y si no lo eres, ni se te ocurra.

Una vez que el futuro inversionista ya tiene ciertos ahorros, debe aprender a decir no ¡Exacto! Decir "no" a casi todo es la característica distintiva de las personas altamente exitosas, lo dice también nuestro superhéroe. Papitas, nuevas tecnologías y cualquier cosa que no entiendo debiera recibir un "no" fuerte y claro. Te vas a perder cosas buenas con este sistema, pero como la cantidad de cosas malas supera ampliamente a la cantidad de buenas, en el neto, vas a "perder mucha plata".

Para poder encontrar algo a lo que no le puedas decir no, aunque trates, debes saber en qué estás invirtiendo. Peter Lynch decía que la gente gastaba más tiempo en pensar y estudiar las características del teléfono que va a comprar (quizás dijo un electrodoméstico, pero da igual), que las características de la inversión en la que va a colocar los ahorros de su vida. Si no sabes qué estás comprando, menos podrás determinar su valor. Saber si es una buena inversión cuando te la ofrecen a $10, $1.000, o $1.000.000 te será tan ajeno como determinar la calidad de un libro escrito en japonés.

Por último, y a mi juicio la parte más extraordinaria del viaje, es aquel en que conoces lo que llevas dentro de ti, esto es, te conoces a ti mismo. El resultado y satisfacción que te dará tu vida, en general está más dentro que fuera, y lo mismo pasa para las inversiones. Para cada inversión que he realizado y que me ha dado grandes satisfacciones, siempre escucho a alguien decir que perdió plata con ella. ¿Cómo es posible? La respuesta es simple, hay gente que no se puede controlar, que va a comprar caro y vender barato y no va a tener la capacidad de esperar que el negocio dé sus frutos. Mismo activo, distinto resultado para cada inversionista.

Durante la década perdida (2000-2010), en que la bolsa de los Estados Unidos terminó en el mismo punto en que partió 10 años antes (con la Crisis Dotcom y la Subprime entremedio), hubo un fondo administrado por Ken Heebner que obtuvo un retorno promedio de 18% anual para ese período. ¡Fantástico encontrar un asesor así! No tanto para sus clientes quienes se comportaron mal, y sus resultados acompañaron aquello. Morningstar simuló el retorno del cliente promedio de Heebner durante ese período, basado en las entradas y salidas de dinero de su fondo. El cliente promedio de Heebner en vez de ganar un 18% anual (o hacer más de un 5x en la década), tuvo un retorno de -11% anual. ¡Da lo mismo que tengas el mejor asesor del mundo o copies el portfolio de Warren Buffett, si no sabes lo que haces, o no tienes firmeza de carácter, vas a perder! Mr. Market te tendrá de mascota.

Como dice el Oráculo de Delfos a su entrada (e imagino lo comparte el Oráculo de Omaha), lugar donde los griegos iban a conocer su destino: Conócete a ti mismo y conocerás el universo y a los dioses. Ahí está, ese es el viaje extraordinario que están prontos a comenzar.

Tomás Casanegra, Value Investor

PRÓLOGO DE FRANCISCO ACKERMANN

Es un honor que Sergio me haya invitado a escribir un prólogo para su libro, ya que ambos compartimos una pasión: la educación financiera y cómo ésta es muy probable que pueda cambiar tu vida. Si ya entraste en el mundo de la educación financiera, razón probable para tener este libro en tus manos, es porque algo despertó tu atención, estás en la búsqueda de un cambio o quieres alcanzar algún tipo de crecimiento.

Me dedico a la educación financiera hace varios años, y al rubro inmobiliario hace más de una década, y puedo contarles que todo cambió en mí, con un simple hábito: volver a estudiar. No había retomado el estudio desde que terminé la universidad, e incluso en ese momento me costaba estudiar, aunque era principalmente porque no tenía un incentivo claro. Estudiaba porque debía hacerlo, era lo que correspondía.

Sin embargo, en 2020 caí en una crisis económica, algo que espero no te suceda a ti, y que estés leyendo "Un Viaje Extraordinario" porque te motiva crecer, y no porque estás en un agujero financiero. En mi caso tenía deudas, y era algo paradójico porque había estudiado una carrera que no debería haberme permitido caer en ese tipo de situaciones. Estudié ingeniería comercial en una buena universidad, y aún así estaba endeudado a mis 32 años. No tenía grandes obligaciones, como una familia o hijos sobre los que pudiera excusarme, diciendo que era el motivo de mi endeudamiento, sino que fue solamente por una serie de malas decisiones y un escaso manejo presupuestario. Pero en ese momento todo cambió.

Al igual que ustedes con este libro, comencé a informarme, en mi caso, vía podcast y audiolibros. A esto se sumó algo que aprendí y que es fundamental, tener una estrategia y una planificación. Sin ella, lo más probable es que habría dado palos de ciego y no hubiese logrado los resultados que he alcanzado.

La educación financiera, sin duda, es una herramienta que cambia vidas. Todos la necesitamos, pero lamentablemente en los colegios, en las escuelas y en las universidades, poco se habla de las finanzas personales y de nuestra propia educación respecto a cómo manejamos el dinero, a cómo lo hacemos crecer, cómo podemos ahorrarlo cuando lo tenemos, y por qué es tan importante pensar y posponer muchas veces nuestros gustos inmediatos por un bien futuro.

Todo lo que he mencionado se puede aprender tanto en la literatura, como también en clases, dedicándole tiempo, o en la vida misma, con esfuerzo y experiencia. Como sea, este libro de Sergio puede ser el primer paso para iniciar tu propio viaje.

Personalmente, tengo una extensa relación de asesorías y creación de contenido conjunto con Sergio, así que estoy seguro que lo que encontrarán en este libro, sinceramente les ayudará a cambiar la forma en que hoy en día entienden y manejan su dinero. Muchas gracias Sergio, por ser un aporte en esta educación.

Francisco Ackermann, Finfluencer y autor del Best Seller "Con peras y finanzas"

PRIMERA PARTE

Un mejor futuro financiero es posible

CAPÍTULO I
¿POR QUÉ ESCRIBIR UN LIBRO DE EDUCACIÓN FINANCIERA?

"Yo tengo un sueño (I Have a Dream)"

El 28 de agosto de 1963, Martin Luther King brindó su discurso "Yo tengo un sueño", o I Have a Dream, como se conoce originalmente en inglés, en los escalones del monumento a Abraham Lincoln, durante la marcha en Washington por el trabajo y la libertad, en que se estima participaron más de 200.000 personas. Fue un momento particularmente importante en el movimiento por los Derechos Civiles en Estados Unidos.

El momento más emotivo es cuando describe, con la famosa frase "Yo tengo un sueño", el país que imagina para sus hijos con su mujer: *uno en el que los chicos blancos y negros convivan sin ningún tipo de prejuicio*. Considerado uno de los discursos más importantes jamás escrito, la frase "Yo tengo un sueño" quedaría registrada en la historia de la humanidad al inspirar a tanta gente para que realmente se lograran igualar los derechos de negros y blancos en EE.UU.

Del mismo modo, yo también tengo un sueño, y como para Martín Luther King, ese sueño puede haber sido difícil, lejano, y prácticamente imposible. En mi caso, mi sueño es que un amplio grupo de personas consigan una mayor educación financiera, se relacionen de mejor manera con el dinero y, en definitiva, tengan mayor prosperidad.

Existen muchas estadísticas nefastas relacionadas al dinero. Desde la carencia y la dificultad de cubrir ciertas necesidades básicas, hasta matrimonios destruidos a causa de problemas financieros. En lo cotidiano, el tener que cumplir diferentes compromisos, como el pago de una vivienda, servicios básicos, alimentación y una que otra deuda, nos obliga a tener que trabajar incansablemente para poder responder a estas necesidades. Con ello, perdemos libertad y no nos damos cuenta como entramos en un círculo vicioso en que el dinero es el centro de atención de nuestras vidas.

A raíz de estos sencillos ejemplos, queda claro que todos tenemos diferentes relaciones con el dinero, en algunos casos más amables, mientras que en otras pueden ser más tortuosa. En ese sentido, todos tenemos diferentes sentimientos respecto al dinero, los que se reflejan en nuestros comportamientos.

Mi propósito es que con este libro puedas transformar tu relación con el dinero, hacia una en la que el dinero represente sensaciones positivas que te permitan acercarte al logro de diferentes objetivos materiales, como la compra de una propiedad, mejorar tu jubilación o darle mayor bienestar a tu familia. Sin embargo, considero que existen otros objetivos menos visibles e intangibles, pero aún más importantes, como la libertad de poder elegir un trabajo que te genere menos ingresos, pero que tenga más sentido para ti, o de disponer de mayor control sobre tu tiempo para que puedas hacer las cosas que realmente te apasionan.

Sé que esta tarea puede parecer difícil, lejana, y tal vez casi imposible, pero prometo que daremos la pelea para conseguirla. Sin importar lo que suceda, al menos espero poder aportar con un granito de arena.

Mi motivación

Yo provengo de una familia típica de clase media, con padres de esfuerzo que buscaban lo mejor para sus tres hijos. Mi madre es dueña de casa y mi padre es comerciante. Juntos se las arreglaron para que sus hijos estudiaran y tuvieran un mejor futuro económico. Todo esto ocurrió en la década del 70' para mis hermanas y en la década del 80' para mí. En términos económicos, estas décadas fueron especialmente complejas en Chile, pero que cambiaron radicalmente en la década del 90', cuando comenzó un increíble repunte económico en nuestro país y en mi familia, lo que se notó en los buenos tiempos del negocio de barrio de mi padre.

Tuve la suerte de estudiar una profesión relacionada a las finanzas, la economía y la administración, como lo es la carrera de Contador Auditor. Y digo suerte, porque esa opción apareció ante mí repentinamente y, la verdad, no sabía en profundidad de qué se trataba realmente. De hecho, nunca ejercí mi profesión, porque rápidamente me di cuenta que lo mío era el mundo de las inversiones, la economía y posteriormente las finanzas personales.

En mi infancia nunca me faltó nada básico. Desde niño desarrollé el hábito del ahorro, porque algunos "lujos" o gustos que me quería dar, no estaban al alcance del presupuesto familiar. Por ende, tuve la motivación de generar ingresos y surgió la oportunidad de trabajar en lo que me gustaba desde muy pequeño, siempre queriendo tener un mejor futuro financiero y, lo más importante, adquirir cada uno de los bienes que me hacían feliz en cada etapa de mi niñez, algo que se repitió luego en mi adolescencia.

Primero pude comprarme una bicicleta, pero no me alcanzaba para comprarme una raqueta de tenis. Luego mi motivación fue el fútbol y nunca pude tener los guantes de arquero de última tecnología que solo podía ver por las vitrinas. Posteriormente, fueron los equipos de iluminación y amplificación que poco a poco pude adquirir mientras comenzaba a trabajar poniendo música en matrimonios y fiestas juveniles.

Estas necesidades, y hoy en día, agradecidas carencias (veremos más adelante lo positivo de esto), me permitieron administrar de buena forma mis ahorros y comenzar a desarrollar hábitos esenciales de las finanzas personales, como el manejo de un presupuesto, el consumo responsable y posteriormente la inversión.

Por esta razón, a poco tiempo de comenzar a estudiar en la universidad, vi posibilidades más allá del ahorro, en concreto, invirtiendo en acciones y luego descubriendo el mundo del trading, en donde se me abrió un abanico de posibilidades para poder administrar dinero de terceros, que es el gran sueño de cualquier inversionista iniciado que carece de un patrimonio relevante que le permita vivir de esta actividad.

Sin duda, mirando en retrospectiva, en ese momento ya quería ayudar a las personas, intentando proporcionar mayores rentabilidades que otros instrumentos tradicionales de ahorro e inversión. Sin embargo, afortunadamente no me fue muy bien en esa empresa, comprendiendo posteriormente lo complejo que es obtener rendimientos positivos y constantes en el mundo del trading.

Luego vino un camino largo de aprendizaje y de cumplir un sueño, como era trabajar en una empresa de inversión y ser el analista principal de esa organización, algo que pronto me llevó a convertirme en el jefe del Departamento de Estudios y al poco andar, en el principal vocero de la compañía.

Desde el mundo de la economía y la inversión, existe un punto de inflexión importante en mi carrera, en que me doy cuenta que el campo laboral de los analistas, economistas y personas que trabajan en empresas de inversión, es acotado. Por esa razón, tomé la decisión de hacer un Magíster en Dirección Financiera, el que me permitió ampliar mi campo de conocimiento.

Sin duda, fue una gran decisión, ya que es ahí donde conocí a mi socio, Juan, con quien compartimos una misma visión, yo desde el interior de una institución financiera relacionada al trading, y él desde el mundo del usuario de productos de inversión, en donde ambos teníamos la absoluta convicción de que las personas comunes y corrientes no tenían acceso a la asesoría mínima necesaria, con altos costos a la hora de poder consumir productos financieros. En ese momento nació Ruvix, la primera y única empresa orientada a democratizar la asesoría financiera en Chile, consiguiéndolo de manera independiente y siendo capaz de asesorar a sus clientes en una amplia gama de decisiones financieras.

Los inicios de la asesoría financiera

En aquel entonces, yo tenía la absoluta convicción de que los conocimientos que teníamos en ese momento, eran suficientes para entregar una asesoría de calidad. Afortunadamente, no estábamos equivocados, y al poco andar teníamos nuestros primeros clientes y se comenzaba a apreciar con buenos ojos lo que hacíamos.

Sin embargo, también era completamente consciente, que, en el proceso, aprenderíamos cada día más, todo en función de las experiencias que tendríamos con personas reales y en situaciones concretas. Así fue como, poco a poco, comenzamos a investigar más sobre la falta de educación financiera, la importancia de aprender conocimientos sobre finanzas personales, el comportamiento humano y los constantes errores que comentemos en nuestras decisiones relacionadas al dinero.

De la misma manera, nos dimos cuenta que cuando se habla de educación financiera, básicamente todo se reduce a tener un presupuesto y fomentar el ahorro, pero ni siquiera existen parámetros adecuados que puedan permitir trazar el camino para que las personas puedan conseguir objetivos atractivos en sus vidas. De hecho, en general, la educación financiera está orientada a sacrificar el consumo presente y fomentar el ahorro (consumo futuro), pensando solo en la jubilación, lo que, para un joven de 20, 30 o incluso 40 años, puede ser lo menos atractivo que pueda existir.

Es en ese instante en que nace la importancia de la planificación financiera. Como dice Jim Rohn, reconocido empresario estadounidense, autor y orador motivacional, "planificamos nuestras vacaciones, pero no somos capaces de planificar nuestra vida". En conclusión, si no planificas tu futuro, estás planificando tu fracaso.

Planificar nuestro futuro financiero es una tarea compleja, e incluso desagradable. El hecho de pensar en el futuro y analizar diferentes opciones de ahorro, inversión, endeudamiento, seguros, entre otros, con mucha información compleja por digerir, puede llevarnos al extremo de posponer la decisión de planificar, hasta que sea demasiado tarde.

Algunas de las dificultades involucradas en el proceso pasan por el enorme conocimiento que se requiere para tomar decisiones adecuadas. No obstante, la solución podría estar en la adecuada asesoría, aunque es difícil encontrar personas que puedan acompañar en todo el proceso, además de hacerlo a un valor razonable y accesible para una gran parte de la población.

Adicionalmente, la planificación financiera puede estar determinada por la experiencia de otras personas. En ese sentido, juega un rol muy importante la familia, como los abuelos, padres y hermanos mayores, así como también los amigos que se utilizan como referentes en el ámbito financiero, pero que no necesariamente pueden convertirse en los consejeros adecuados. En cambio, los eventos desagradables, como las dificultades financieras y las crisis de salud al final de la vida, inducen a las personas a planificar.

Por otra parte, hay aspectos personales que juegan un rol fundamental en la planificación. Nuestros sesgos cognitivos y las limitantes en nuestro comportamiento, pueden jugar un rol preponderante en que ni siquiera nos cuestionemos la necesidad de diseñar un plan financiero.

En un porcentaje elevado de la población, esto puede convertirse en una tarea desagradable, especialmente para las personas con poca educación financiera y que puedan haber vivido experiencias traumáticas relacionadas al dinero.

Acercándonos a la Libertad Financiera

Cuando hablamos de planificación financiera, generalmente la atención y los esfuerzos están puestos en la jubilación. Esto tiene sentido, ya que, durante la vida laboral, existen ingresos que permiten cubrir los gastos y compromisos adquiridos. Lamentablemente, cuando pensamos en la jubilación, inmediatamente se nos viene a la mente el cabello blanco, arrugas y uno que otro problema de salud. Entiendo, se ve como algo bastante lejano, especialmente cuando nos encontramos bajo los 40 años, o incluso bajo los 50. Por ese motivo, no le damos la importancia que requiere y postergamos la planificación financiera.

Cuando se acerca la edad de la jubilación, generalmente la planificación financiera podría considerarse como tardía, ya que uno de los aspectos centrales de construir un patrimonio financiero que nos permita mejorar nuestros ingresos en el futuro depende del paso del tiempo, esto por la acumulación de ahorro y rentabilidad. Más adelante explicaré la importancia del paso del tiempo en el crecimiento de nuestro dinero.

Por ese motivo, al momento de construir un "Plan Financiero", me gusta enfocarlo en función de un objetivo que pueda verse más cercano, como podría ser la "libertad financiera" absoluta o parcial, que al final no es muy diferente a la jubilación, ya que en ambos casos contempla el dejar de trabajar, a cambio de una pensión o ingreso recurrente que nos permita financiar nuestros gastos mensuales. Pero obviamente, sin el requisito de cumplir 60 o 65 años.

En busca del propósito

Actualmente, nadie tiene el futuro asegurado. Si hace algunas décadas, el que estudiaba una profesión tenía garantizado un empleo y un futuro económico prometedor, esto ya es parte del pasado. Por lo mismo, el anhelo de los padres que esperan que sus hijos sean destacados profesionales, poco a poco quedará atrás y dejará de ser ese sueño al que todos nos aferrábamos.

Por la misma razón, si siempre ha sido difícil decidir entre los 17 y 18 años a qué nos dedicaremos para el resto de nuestras vidas, creo que ahora es mucho más difícil tomar esta decisión. Anteriormente decidíamos qué haríamos en el futuro, no tanto por nuestras más íntimas convicciones, sino que lo más probable es que fuese por los sueños o anhelos incumplidos de nuestros padres, o por la necesidad de ganarnos el pan de cada día.

Esta receta pudo haber funcionado en el pasado, en que aún se necesitaban muchos profesionales y un error en esta materia, no era tan terrible para el futuro financiero de la persona, ya que el estudiar una carrera profesional y conseguir un título para colgar en la pared permitía obtener un buen nivel de ingresos respecto a una gran mayoría de personas. Ahora, esta forma de hacer las cosas suena a una receta añeja, con secuelas relevantes para las personas.

Estoy completamente de acuerdo en que es muy importante estudiar, pero lo ideal es que se pueda elegir una carrera, ya sea técnica o profesional, que nos permita tener una amplia gama de posibilidades en función de nuestras habilidades e intereses. Después, a lo largo del camino, podremos descubrir nuestro propósito en base a las experiencias laborales que vamos teniendo.

Volviendo a la actividad profesional que desarrollaremos a lo largo de nuestra vida, lamentablemente, la mayor parte del tiempo nos dejamos llevar por los acontecimientos que nos depara "el destino". Te lo dice quien fuera padre a los 21 años.

El ciclo podría resumirse así: Terminamos la escuela. Estudiamos alguna carrera que generalmente nos sugiere alguien de nuestro círculo cercano. Finalizamos nuestros estudios, y luego comenzamos a trabajar, generalmente donde nos aceptan, no donde realmente queremos (si es que en ese momento queremos algo específicamente).

Ahora bien, independiente de si nos gusta o no nuestro empleo, ¡qué bien se sienten esos primeros ingresos!, ya sea para "pagar el piso" (invitar a comer a los compañeros de trabajo con el primer sueldo) y salir con nuestros amigos a disfrutar la vida, o mejor, aprovechar la compra de pasajes en oferta y el fin de semana largo que aparezca en el calendario viajar y recorrer un destino entretenido.

Ahora que estamos generando ingresos, comienza el análisis para adquirir bienes, aunque se hace muy difícil comprar una propiedad para vivir, ya que los precios suben como la espuma. Entonces, mejor tomamos la decisión de comprar un automóvil y seguimos disfrutando nuestro dinero. ¿Qué sentido tiene ahorrar para el futuro? ¡si la vida se vive ahora!

Lo que sigue es enamorarnos y comenzar a convivir con alguien, o simplemente contraemos matrimonio. Así seguimos avanzando en la escalera social, optando cada vez a más y mejores bienes y servicios ¡Maldita sociedad de consumo! Luego viene el perro o el gato ¡ni pensar en hijos! La vida es muy dura para traer criaturas al mundo.

Pero, y de golpe, nos damos cuenta que tenemos 40 años y debemos seguir trabajando en lo que sea, para pagar deudas y un estilo de vida que construimos, o que la vida se encargó de diseñar.

¿En qué minuto diseñamos nuestro futuro? ¿Cuándo tomamos la decisión de hacer lo que realmente queríamos hacer? ¿Qué nos mueve, que nos motiva?

CAPÍTULO II
PLANIFICANDO EL DESTINO

El punto de partida

Si llegado a este punto, te sigues preguntando ¿por qué estás leyendo un libro de finanzas personales?, volvamos al corazón del asunto.

Este es un libro de coaching y asesoría financiera que te acompañará en un proceso de mejora en diferentes campos relacionados al dinero.

En principio puede ser para disminuir las deudas, lograr un orden que te permita tener mayor holgura, ahorrar y acumular riqueza, como también para poder generar nuevos ingresos invirtiendo o emprendiendo. Son muchas las razones por las cuales cualquier persona necesita tener un coach financiero que lo acompañe en el proceso, especialmente en una sociedad en que tenemos un fácil y amplio acceso a productos financieros, pero como contraparte, muy poca educación económica y financiera para usar todas estas alternativas.

Sin embargo, el mayor escollo que debemos sortear es la procrastinación, ese antiguo arte de perder el tiempo, que nos paraliza, no nos deja avanzar e impide que podamos tomar acción en diferentes ámbitos de la vida y, en particular, en las materias relacionadas al dinero. Por esto, es importante tener a alguien que nos acompañe y se encargue de hacernos las preguntas difíciles que nos permitan desafiarnos e impulsarnos hacia adelante.

También es posible que tengas muchos objetivos. Adquirir ciertos bienes, como una propiedad donde vivir, un automóvil, estudiar o ahorrar para la educación de tus hijos, o incluso tener un soporte financiero (un "colchón" como lo llamamos en Chile), que te permita amortiguar los efectos de algún imprevisto. Quizás solo quieres mejorar tu situación financiera para viajar, conocer el mundo, darte gustos y tener la vida que siempre soñaste.

Todas estas son razones muy válidas, como incluso puede ser el hecho de querer aprender sobre temas que siempre los consideraste áridos, difíciles, complejos e incluso sobre los cuales tenías una mala impresión.

De todas formas, el bienestar financiero, y como lo veremos a lo largo de las siguientes páginas, la ansiada libertad financiera, es muy difícil lograrla con acciones aisladas, por lo tanto, la clave del éxito en este proceso es a través de un plan, el que yo te enseñaré.

A lo largo de mi carrera profesional como asesor financiero y de inversiones, que evolucionó en los últimos años a coach financiero integral, veo ciertos comportamientos que tienden a repetirse en las personas, los que tienen directa relación en muchas áreas de la vida.

Básicamente, el coaching consiste en crear las condiciones necesarias para el aprendizaje y el crecimiento personal, ambos aspectos básicos que nos permitirán alcanzar un mayor bienestar financiero. Adicionalmente, a través del coaching podemos centrarnos en las posibilidades del futuro, y no en los errores del pasado.

En consecuencia, a través de la utilización de algunas herramientas del coaching, sumado a sugerencias concretas en el ámbito de las finanzas personales, podremos crear las condiciones necesarias para avanzar en el camino hacia la libertad financiera.

¿Por qué es importante el Coaching?

*"La mayor desgracia de un ser humano estriba
en no encontrar en su vida a nadie que le ayude a
descubrir lo que realmente puede llegar a ser".*
Ralph Waldo Emerson (filósofo).

Alcanzar nuestro máximo potencial requiere de disciplina, constancia, esfuerzo, además de desarrollar habilidades y vivir en un proceso de mejora constante que solo algunas pocas personas pueden lograr. Como es algo complicado de conseguir de manera individual, muchos deportistas, emprendedores, ejecutivos y profesionales, destacados en cualquier ámbito, acuden al coaching para que los impulsen a alcanzar su máximo rendimiento.

El coaching es un proceso de acompañamiento que ayuda a los demás a dar lo mejor de sí mismos, a desplegar todo nuestro potencial, tanto personal como profesionalmente, y así llegar más lejos de lo que hubiéramos pensado en un primer momento. Por lo tanto, más que una posibilidad, es una necesidad.

El coaching se relaciona estrechamente con el proceso de cambio que puede y debería vivir una persona. Como nuestro potencial es ilimitado, siempre podemos mejorar, lo que necesariamente implica cambiar en función del logro de ciertos objetivos y el desarrollo de un plan de acción que nos permita alcanzarlos.

Ahora, ¿cuál es la relación del coaching con el ámbito financiero? Como el coaching se trata de sacar el máximo potencial, generar cambios y lograr objetivos en las personas, todos esos aspectos están estrechamente relacionados con la planificación financiera, que en muchos casos se trata de cambiar creencias y adquirir nuevos hábitos para construir un mejor futuro financiero orientado a objetivos concretos.

A cuantas personas, que especialmente tienen buenos ingresos, no les ha pasado que llegan a fin de mes sin un peso y luego se preguntan ¿cómo se esfumó mi dinero?

En el mundo financiero, estamos de una u otra manera completamente familiarizados con el concepto del "asesor financiero", esa persona que se encarga de hacer sugerencias de diferentes productos que nos permitan conseguir ciertos objetivos. Sin embargo, en muchos casos, esos productos son contratados por separado y en forma aislada uno de otro, por lo tanto, no conversan entre ellos.

En ese sentido, para que una persona pueda conseguir una mejora considerable en sus finanzas personales, es fundamental la ayuda de un asesor financiero que tenga sólidos conocimientos sobre ahorro, inversión, endeudamiento, optimización tributaria (esto es, pagar los impuestos suficientes, ni más ni menos) y planificación financiera. Sin embargo, a través de mi experiencia trabajando con cientos de personas, me he dado cuenta que con eso no basta.

El asesor financiero queda corto, y es necesario que se convierta en un coach financiero, uno que pueda realmente impulsar los cambios necesarios en la persona que está orientando.

El coach financiero debe re-educar a su cliente, darle "empujoncitos" que le faciliten el logro de metas y crear un contexto adecuado para que realmente la persona se mantenga motivada a alcanzar los objetivos planteados.

Junto con esto, el coach debe tener un conocimiento profundo de la situación financiera de su cliente y, algo muy importante, de su personalidad. En definitiva, se trata de una relación estrecha de confianza que se enfoca en el largo plazo para conseguir cambios significativos en la vida de la persona, lo que está directamente relacionado con el tomar buenas decisiones financieras.

Si pudiéramos simplificar el proceso de acompañamiento que se vive en el coaching financiero, sería el siguiente:

1. **Preguntas poderosas respecto a la relación que se tiene con el dinero**: Ya lo hemos comentado anteriormente, pero en este punto se deben realizar preguntas del tipo ¿qué significa el dinero para ti? ¿qué emociones te produce tener dinero? y ¿para qué quieres tener más dinero? Es importante poder descubrir las creencias relacionadas al dinero, así como las connotaciones que se le da y si le es fácil o difícil conseguirlo.

2. **Diagnóstico**: Se realiza un análisis inicial de la situación financiera de la persona, como las fortalezas y debilidades respecto al dinero. Luego se descubre en qué aspectos está haciendo las cosas bien, cuáles podría mejorar y qué herramientas debería desarrollar.

3. **Identificación y confección de metas financieras:** Todos los objetivos que nos planteamos en nuestra vida implican recursos. La compra de una vivienda, el financiamiento de la educación, el desarrollo de un emprendimiento o realizar un viaje de placer, todos son objetivos que se pueden cuantificar en términos monetarios, y que, para conseguirlos, se debe construir un plan. Algunos de estos objetivos pueden ser considerados lejanos o difíciles de alcanzar, pero con actividades pequeñas y recurrentes durante el proceso, te aseguro se pueden alcanzar.

4. **Análisis de riesgo:** Es clave identificar si la persona se siente cómoda con ciertas alternativas de inversión más o menos riesgosas. Existen diferentes herramientas para identificar cual es nuestro perfil de riesgo, sin embargo, considero que existe un método infalible para saber si estoy invirtiendo en los productos adecuados: ¿Puedo dormir tranquilo?

5. **Plan Financiero:** Implica un diseño y pasos a seguir durante un cierto periodo, en que adicionalmente se deben ir generando cambios de comportamiento que permitan lograr los objetivos planteados previamente.

6. **Seguimiento:** La motivación inicial de cualquier proyecto suele ser elevada, pero también sabemos que suele durar poco. En este aspecto es fundamental el acompañamiento constante de un coach financiero que nos permita seguir enfocados en el logro de nuestros objetivos.

CAPÍTULO III
DERRIBANDO LOS LÍMITES MENTALES

La mente y el dinero

Podríamos avanzar varias páginas y capítulos para irnos rápidamente a la "receta" que te propondré para planificar de mejor manera tu futuro financiero, pero como muchos libros que hablan de finanzas personales, es realmente importante comprender qué es lo que pensamos sobre el dinero, la riqueza, el éxito o la libertad financiera.

Para muchos, estas pueden ser preguntas que nunca se han hecho, pero es muy importante identificar y conocer lo que tenemos programado en nuestro chip interior, para de esa manera, saber que tan dispuestos estamos a realizar los cambios que nos permitan tener un mejor futuro financiero.

Los resultados que hemos conseguido relacionados al dinero, no se producen por que tengamos mayor o menor conocimiento respecto a aspectos sencillos sobre las finanzas personales, como manejar un presupuesto, ahorrar, o manejar en forma responsable la deuda o la inversión. Es más, los resultados que hemos obtenido a través del tiempo relacionados al dinero no son producto del tener o no tener dinero.

En realidad, los resultados que hemos conseguido sobre nuestras finanzas, están directamente relacionados a nuestra mentalidad, creencias y comportamientos.

Siempre hago la misma analogía. Todos sabemos que debemos comer de forma saludable, hacer ejercicio y ahorrar, pero ¿por qué no lo hacemos? Porque existen trabas mentales, repetición de patrones, creencias muy arraigadas que es difícil cambiarlas y, por ende, nuestros resultados están determinados por nuestros comportamientos, los que siguen una secuencia lógica que se origina en nuestra programación mental.

El éxito financiero consiste en una determinada programación mental, mientras que el fracaso financiero es otro tipo de programación que está arraigada en nuestra mente y que es muy difícil de cambiar. Nuestro software mental fue programado de cierta manera y debemos actualizarlo conforme a los tiempos que corren, nuestros deseos, aspiraciones, como también reprogramar nuestros conocimientos respecto al manejo del dinero.

En ese sentido, nuestra programación mental está muy arraigada en lo más profundo de nuestro ser por diferentes experiencias que vivimos cuando éramos niños, o diferentes experiencias significativas que calaron hondo a lo largo de nuestra vida. Te doy un ejemplo.

Respecto al dinero,
¿Qué escuchabas cuando eras pequeño?
En las primeras etapas de nuestra vida se fueron forjando diferentes mensajes que escuchábamos de nuestros padres o de las personas que estuvieron a nuestro cuidado. Ahí es donde comienzan a aparecer algunas de las frases que más adelante repasaremos, como que "el dinero no crece en los árboles".
¿Qué veías cuando eras pequeño?
El comportamiento que veíamos respecto a los gastos necesarios para cubrir nuestras necesidades básicas, sin lugar a duda también dejó una huella imborrable en nuestro subconsciente. Como se pagaban las cuentas, o como se compraba la mercadería o el vestuario, son recuerdos imborrables que muchas veces no

consideramos a la hora de comprender cómo nos relacionamos actualmente con el dinero.

¿Qué experimentaste cuando eras pequeño?

No es raro que, en épocas pasadas, fuera mucho más difícil cubrir las necesidades básicas de las familias. Por la misma razón, si al hablar de dinero existieron peleas, gritos y reproches, es probable que hayan quedado en nuestro interior esos recuerdos difíciles de borrar. Por el contrario, si cuando éramos pequeños no nos enteramos de los temas financieros y quizás nunca tuvimos carencias, no sería raro ser indiferentes a los temas relacionados al dinero.

Por lo tanto,

- Si en nuestra familia el dinero era asociado a la codicia, es muy posible que nos sea esquivo, porque inconscientemente creemos que el tener mucho dinero nos lleve por un mal camino.
- Si el dinero fue esquivo cuando éramos niños y en algún momento lo pasamos muy mal por un negocio fallido que llevó a nuestra familia al borde de la quiebra, es muy probable que cuidemos el dinero de una manera desesperada, protegiéndonos ante una posible crisis futura.
- Si nunca nos faltó nada y vimos a nuestros padres comprárselo todo, es probable que nosotros repitamos ese patrón, independientemente que tengamos o no dinero, porque lo normal es comprar y gastar.

Los modelos de referencia que hemos adoptado a lo largo de nuestras vidas, suelen repetirse en nuestro actuar. Por lo mismo, es posible que estos ejemplos te parezcan familiares, y que, sin darte cuenta, identifiques algunos comportamientos que se repiten en tu día a día.

En mi caso personal, cuando he realizado este ejercicio, he logrado reconocer dos comportamientos que probablemente se encuentran reflejados en mi actuar. Por un lado, mi padre siempre fue alguien soñador, que buscó la manera de dar un salto en los negocios. En cambio, mi madre era el "cable a tierra", la persona austera, conservadora y quien organizaba el presupuesto familiar para que nada nos faltara.

Agradezco estas experiencias familiares que me han permitido ser previsor y ordenado respecto al manejo del dinero, pero por ningún motivo se debe dejar de soñar y mantenerse en la búsqueda constante de nuevas posibilidades en el ámbito de los negocios e inversiones.

¿Cómo se produce el cambio?

ProPenSAR

Cuando se trata de comprender la relación existente entre la mente conectada al dinero, un libro de lectura obligatoria es sin lugar a duda "Los secretos de la mente millonaria", del escritor, empresario y orador motivacional canadiense T. Harv Eker. En este libro se plantea la importancia de identificar nuestro "patrón del dinero", el que estaría compuesto por una combinación de tus pensamientos (creencias), tus sentimientos (lo que te producen esas creencias) y tus acciones relacionadas al dinero (¿eres ahorrador o gastador?).

En primer lugar, debemos reflexionar de cómo fue nuestra infancia y las experiencias significativas relacionadas al dinero que hemos vivido a lo largo de nuestra vida. Probablemente, nunca antes le habíamos dedicado tiempo a pensar lo que escuchábamos y lo que veíamos cuando éramos niños.

En consecuencia, debemos ser conscientes de que pueden existir ciertos patrones que hemos reiterado a lo largo de nuestra vida, y no nos hemos dado cuenta de lo importantes que son y lo arraigados que está en nuestro interior.

Podemos tener buenos o malos hábitos y comportamientos financieros, sin embargo, no nos debemos hacer cargo de ellos, o solamente comprender que existen y ahora ser conscientes de que ahí estaban. En cierta medida, nos debemos reconciliar con esos patrones. De seguro reconoceremos patrones positivos y negativos, por lo tanto, debemos distinguir que aspectos deberíamos mantener y cuáles deberíamos cambiar.

Lo más importante de la conciencia y aceptación, es que ahora somos libres de poder decidir. Por lo tanto, ahora tienes la posibilidad de cambiar ciertos patrones que son nocivos. En mi experiencia personal, lo arraigado que estaba en mi familia las connotaciones negativas a ser exitoso y tener dinero, inconscientemente me han significado un freno de mano que no sabía que estaba ahí. Sabiendo eso, el desafío está en darse cuenta de ello y poder tomar las riendas de nuestras vidas para hacer lo que consideramos correcto.

Finalmente, debemos ser capaces de crear las condiciones necesarias para que el proceso de cambio ocurra sin fricciones (o con las menos posibles). Para eso, veremos más adelante cómo podemos generar las condiciones necesarias para impulsarnos en el ámbito financiero.

Comencemos por el problema

La triste realidad, es que nuestra sociedad esta capturada por ciertas creencias limitantes con relación al dinero. Además, por aspectos culturales, hemos perpetuado una relación tóxica con el dinero debido al sentimiento de culpa que arrastramos históricamente respecto a la prosperidad, la riqueza y la ambición, entre otros aspectos que lamentablemente son "mal vistos".

En una de las tantas charlas que he realizado, a un grupo importante de jóvenes les comencé a hablar sobre la importancia de la planificación financiera y la posibilidad de construir un patrimonio de US$1 millón. Para mi sorpresa (aunque cada día me sorprende menos), las risas de la audiencia fueron inmediatas, lo que demuestra, primero, las trabas mentales que tenemos como sociedad y segundo, la falta de planificación financiera, que, al carecer de ella, cualquier objetivo se ve como un imposible.

Obviamente estoy generalizando y en este proceso es donde juega un rol preponderante las preguntas poderosas del tipo ¿qué debo hacer para construir US$1 millón? ¿en quién me debo convertir? ¿quiénes lo han conseguido? ¿qué han hecho?

¿Cómo se forman nuestras creencias?

En primer lugar, adoptamos muchas creencias en nuestros primeros años de vida. En esa época en que somos una "esponja" que absorbe y absorbe información, es cuando se comienza a construir nuestra mente subconsciente, que es la que determina gran parte de nuestros pensamientos y comportamientos.

En segundo lugar, un aspecto muy relevante a lo largo de la vida es la repetición, ya sea de lo que escuchamos, vivimos e incluso como nos comportamos. Hay frases que se repiten en nuestro círculo cercano insistentemente a lo largo de la vida y que finalmente se terminan adoptando como propias. Por ejemplo, "invertir es riesgoso" o "los arrendatarios son malos pagadores". Estas frases si se escuchan insistentemente en nuestro círculo cercano y más aún, en nuestros referentes, como podrían ser nuestros padres, automáticamente nos podrían castrar a la hora de invertir en instrumentos financieros o propiedades.

En tercer lugar, por supuesto que influyen en nuestras creencias los eventos cargados de emoción, como un gran éxito o un fracaso económico. Eso sin lugar a duda, puede dejar una gran huella imborrable en nosotros, lo que termina reforzándose a lo largo del tiempo como una creencia.

Y, por último, nuestros referentes y las personas influyentes de las cuales nos rodeamos, pueden generar un impacto significativo en nuestras vidas. Si nos rodeamos de amigos o familiares que todo el día se quejan, es muy probable que veamos un futuro poco esperanzador, mientras que, si nos rodeamos de personas optimistas y que están constantemente buscando oportunidades, con una disposición a mejorar y progresar, sin duda que nos podríamos contagiar de ese ambiente. En ese contexto, una persona que para nosotros sea muy influyente, al que respetamos, admiramos y le creemos, de seguro una conversación con esa persona tendrá un gran impacto, lo que puede reforzar alguna de nuestras creencias, o modificar otras.

Un loco viaje a Miami

Quiero contarles una anécdota. Uno de mis mejores amigos siempre me ha desafiado a ir por más. En varias ocasiones de mi vida, me ha dado un buen consejo que me ha permitido pensar de manera diferente y expandir mis límites. Sin ir más lejos, uno de los grandes sueños que tenía desde niño, lo pude cumplir gracias a él.

Un viernes cualquiera en la noche, a fines de marzo del 2017, me encontraba acostado mirando un electrizante partido de tenis: Roger Federer, no hay mucho que agregar respecto a uno de los mejores tenistas de todos los tiempos, enfrentando al australiano y loco Nick Kyrgios, en semifinales del Open de Miami. El final no podía ser mejor, Roger Federer le ganaba a Kyrgios 7/6 - 6/7 y 7/6. No me pude resistir y comenté por Twitter el maravilloso resultado que situaba a Federer en una nueva final. Lo importante era, que se daba la final soñada, siendo Rafael Nadal el otro finalista.

Al día siguiente, como cualquier fin de semana, iba a la feria con mi señora a hacer las típicas compras semanales. Llegando a la casa, no recuerdo bien, si me escribe o me llama mi amigo que ya llevaba un tiempo viviendo en Miami. Me dice algo así:

"Sergio, te vi anoche twitteando sobre el partido de Federer y tengo entradas para mañana al Open de Miami, es la final soñada, está todo vendido y tengo 2 asientos comprados hace mucho tiempo ¿por qué no te vienes?"

Y yo del otro lado *¿Queeeeeé? ¿Es broma? ¿Cómo se te ocurre?*

Era una oferta increíble, pero "imposible de realizar" de acuerdo con mis creencias. Cómo iba a comprar pasajes ese mismo día, cómo viajar a ver un partido de tenis, el lunes tenía que trabajar y en mi cabeza no existía la posibilidad de realizar esta locura.

Dejo de hablar con mi amigo y le comento a mi señora el ofrecimiento. Su primera respuesta (y algo dentro de mí lo esperaba) fue ¡ninguna posibilidad de viajar...solo! (jeje)

Mientras mi amigo me seguía escribiendo y como suele ser, me envía el itinerario de un día perfecto en Miami:

"Te paso a buscar al aeropuerto a las 7:00 AM, luego nos vamos a tomar un café al Starbucks de Key Biscayne, después nos vamos a hacer la previa del partido al estadio con unas cervezas, almorzamos, vemos la final y después te voy a dejar al aeropuerto".

¡Sonaba increíble! Y, esto no me lo esperaba, mi señora se ablanda y me dice:

"Es una propuesta que no se volverá a repetir ¿por qué no ves si puedes hacerlo?"

Nosotros desde hace mucho tiempo que viajamos casi exclusivamente con millas, las que ganamos por el uso de la tarjeta de crédito, tratando de calificar a las promociones y también, comprando cuando existen ofertas. Por lo tanto, siempre mantengo un stock de millas. Por otra parte, yo tenía visa a EE.UU. hace mucho tiempo, lo que tampoco era un impedimento para tomar un vuelo y viajar ese mismo día.

La gran sorpresa fue que el valor del pasaje era exactamente igual al precio normal que uno paga cuando compra con anticipación. Por lo tanto, debía solamente pagar las tasas de embarque, armar mi mochila (obviamente no era necesaria una maleta) e irme al aeropuerto en poco tiempo más. Recuerden que todo esto debe haber ocurrido tipo 13:00 horas del sábado, y debía viajar esa misma noche.

Mi último mensaje a mi amigo fue:
¿En serio no es broma? ¿Estoy a punto de comprar los pasajes?

Y la respuesta de mi amigo fue definitiva.
¡Dale, Sergio! ¡Nos vemos mañana!

Finalmente, Federer le ganó a Nadal 6/3 y 6/4 y cumplí mi sueño de verlos en vivo y en el quinto Gran Slam del año, como se le reconoce al Miami Open. Ahora, el próximo sueño a cumplir viajando, es visitar los 4 Gran Slam en Australia, Francia, Inglaterra y Nueva York.

Esta experiencia es solo un ejemplo de que muchas veces nuestra mente, nuestro lado racional, piensa más de la cuenta las cosas y nos impide realizar acciones desde el sentimiento, la emoción y lo que en definitiva nos motiva.

La vida es para vivirla y debemos tratar de pensar fuera de la caja, haciendo un esfuerzo constante, por contener nuestras creencias limitantes. Para lograrlo, debemos integrar en nuestro círculo cercano a personas que nos impulsen a ir por más, y que precisamente, nos desafíen a pensar más allá de nuestros límites.

Seguro te suena alguna de estas frases

A continuación, expondré una serie de creencias muy arraigadas en nuestra sociedad, que más de alguno de ustedes ha escuchado, ha dicho, e incluso repite constantemente, y lo peor, se las repite a sus hijos, perpetuándolas y socavando en lo más profundo de nosotros, la posibilidad de relacionarnos de manera adecuada con el dinero.

Creencias limitantes:
- El dinero no hace la felicidad
- El dinero no crece en los árboles
- El vil dinero
- ¿Crees que soy una máquina de hacer dinero?
- No naciste en cuna de oro
- El dinero es sucio
- Soy pobre pero honrado
- Así nos tocó vivir
- Busca un empleo seguro y deja de soñar
- Solo las personas que hacen trampa tienen dinero
- Los ricos son codiciosos y deshonestos
- El dinero no es espiritual
- Es pecado tener mucho dinero
- Las personas espirituales no deberían ser ricas
- Ser millonario es solo para algunos
- No sirvo para los negocios
- Si tengo dinero, me lo gasto
- No me lo puedo permitir
- Entre más dinero tenga, más problemas voy a tener
- El dinero no hace la felicidad
- El dinero no lo es todo
- La riqueza genera envidia
- Hay cosas más importantes que el dinero
- El dinero corrompe

- Es muy caro
- Soy muy viejo para emprender

En más de alguna de estas frases se puede desprender la rabia, el enojo y las tantas odiosidades que existen respecto a los empresarios, a quien tiene más, y al que le ha ido bien por hacer las cosas en forma distinta a uno.

Si analizamos en detalle, varias de estas frases tienen relación con que el dinero y la riqueza son malos compañeros, y que, en cambio, la pobreza es buena, casi como si fuera una cualidad.

Probablemente esto no sea casualidad, sino más bien una consecuencia de nuestra historia, la que se ha ido transmitiendo de generación en generación. En este aspecto es muy importante tener en consideración los orígenes de América, así como también, la importancia de la Iglesia en nuestra sociedad actual. Si miramos hacia atrás y revisamos nuestra historia, es fácil darse cuenta que nuestro pueblo latinoamericano fue colonizado y ultrajado de sus posesiones a lo largo de los siglos.

En el primer capítulo del libro *¿Por qué fracasan los países?: Los orígenes del poder, la prosperidad y la pobreza*, de los economistas Daron Acemoglu y James A. Robinson, titulado *"Tan cerca y, sin embargo, tan diferentes"*, se habla en extenso sobre la ciudad de Nogales que, al estar dividida en dos, presenta realidades completamente diferentes según el lado en que se encuentre, ya sea el de los EE.UU., o el lado de México.

Una de las preguntas que se hacen Acemoglu, profesor de economía del MIT, y Robinson, politólogo, economista y profesor en la Universidad de Harvard es ¿por qué las instituciones de Estados Unidos conducen mucho más al éxito económico que las de México o, de hecho, ¿que las del resto de América Latina? La respuesta a esta pregunta se encuentra en cómo se formaron las distintas sociedades en el inicio del período colonial.

Mientras en América Latina, los españoles se encargaron de explotar a los pueblos indígenas y saquear el oro y la plata; en Estados Unidos, dada la falta de riquezas, la única estrategia que les permitió asentarse a los ingleses fue a través de dar incentivos a los colonos.

En consecuencia, y aunque parezca paradójico, la riqueza de nuestro pueblo Latinoamericano ha sido la causante de mucho dolor y miedo, acompañada también de sometimiento y esclavitud.

A este proceso le sigue una conversión de la población local a la religión católica, que sin duda ha sido una de las instituciones más influyentes en América, y que sin duda está asociada a algunas menciones directas a "los males" que produce el dinero, además de un sentimiento de culpa constante asociado al poseer riqueza.

Para dar un ejemplo de esta idea, podemos remitirnos al siguiente pasaje de la Biblia:
Mateo 19:21

"Si quieres ser perfecto, le dijo Jesús, vende todo lo que tienes y dalo a los pobres: así tendrás un tesoro en el cielo. Después ven y sígueme".
Jesús respondió esto ante la pregunta de cómo ganarse la vida eterna. Luego, el hombre decide irse "porque poseía muchos bienes". Posteriormente, Jesús lanza una frase muy popular: "Difícilmente un rico entrará en el Reino de los Cielos"

Teniendo en cuenta este tipo de mensajes contenidos en la Biblia, estudiados y mencionados repetidamente durante siglos por la Iglesia Católica, no es raro que las personas se sientan incómodas al acumular riqueza y vean con malos ojos a quienes lo logran.

Sin embargo, después de conocer presencialmente muchas iglesias católicas por toda Latinoamérica, abarrotadas de oro, rápidamente uno se cuestiona qué tan coherentes y consecuentes eran quienes predicaban las enseñanzas de la Biblia.

Si revisamos un poco la historia más reciente, también ha existido una especie de colonización empresarial en los últimos años. En la década de los 90's llegaron a Chile muchas empresas españolas a instalarse en una economía que volvía a la democracia y que le abría las puertas al capitalismo. Empresas como Endesa, Telefónica y diversos bancos españoles se instalaron en Chile y otros países de la región, en algo que para algunos solo era una forma de "extraer la riqueza" de nuestros países. Desde esa perspectiva, ¡ni hablar de las grandes mineras que se han instalado a literalmente "extraer" las materias primas que poseemos!

Sin embargo, no está demás destacar que esa misma "colonización" ha tenido numerosos aspectos positivos que han impulsado el desarrollo y las oportunidades para las economías latinoamericanas.

Es simple, el mundo empresarial aprovecha oportunidades y asume riesgos. En los países en vías de desarrollo existen innumerables oportunidades, ¿por qué? porque falta mucho por hacer. Existe poca competencia y al ser más riesgosos, se extraen mayores retornos en las fases tempranas del crecimiento. Por la misma razón, una empresa que alcanza cierto tamaño, después de sortear la incertidumbre inicial, puede generar enormes utilidades para sus dueños, aunque con bajos sueldos para sus trabajadores.

¡Ahorra para las vacas flacas! Noooooo ¡Ahorra para la Libertad Financiera!

Hay frases malas y repetidas relacionadas al dinero. Frases limitantes que se instalan en la cultura de una sociedad y se traspasan de generación en generación. Y cuando una frase se repite insistentemente, queda alojada en nuestro inconsciente, tallada en piedra, difícil de cuestionarla si quiera, por lo tanto, se instala como un dogma.

En ese sentido destaca la típica frase "ahorrar para las vacas flacas", atribuible a la parábola bíblica de José, probablemente el primer asesor económico que se ha documentado en la historia de la civilización. Esta afirmación responde al hecho de que la economía es cíclica y a lo largo de nuestras vidas tenemos épocas más favorables desde el punto de vista financiero y otras épocas más complejas. En consecuencia, el ahorro es muy importante para poder sobrellevar de mejor manera las épocas difíciles que podemos vivir ante una crisis económica, pérdida de empleo, disminución de ingresos o algún imprevisto como podría ser una enfermedad.

Ahora bien, mi propuesta al respecto cambia por completo la connotación del ahorro, ubicándolo como un objetivo que nos motive hacia una búsqueda constante de una libertad financiera que nos permita olvidarnos de la preocupación de tener que trabajar por dinero.

Cuando ahorramos para las vacas flacas, estamos llamando a viva voz los problemas financieros, poniendo el acento en una condición compleja que, muy probablemente, nos podría generar sensaciones de temor, incertidumbre y un bajo nivel energético, algo que probablemente tarde o temprano nos transporte a una situación económica difícil.

Por el contrario, cuando ahorramos para conseguir la libertad financiera, estamos poniendo el acento en un mundo de posibilidades. De hecho, es una condición mucho más atractiva, motivante e inspiradora que nos permitiría estar mucho más abiertos a nuevas posibilidades de ingresos, de diferentes fuentes, en una búsqueda constante por emprendimientos y negocios, idealmente en piloto automático.

En el trayecto, es posible que existan problemas financieros, pero al tatuarnos mentalmente la libertad financiera, no descansaremos en buscar nuevas oportunidades que nos acerquen a ese objetivo.

CAPÍTULO IV
DEFINIENDO LA HOJA DE RUTA

Las finanzas personales están muy influenciadas por el entorno en el que vivimos. Familia, amigos y el entorno laboral, son factores muy relevantes a la hora de modelar nuestro comportamiento financiero. En ese sentido, las creencias que arrastramos desde niños, nos pueden definir enormemente respecto al futuro, especialmente en lo que se refiere a nuestros pensamientos sobre el dinero y la riqueza.

¿Para qué trabajamos toda la vida?

En primer lugar, para subsistir, intentar progresar y luego para financiar objetivos financieros.

Existen objetivos financieros recurrentes como los que detallo a continuación:

- Adquirir una propiedad
- Comprarse o cambiar el automóvil
- Viajar
- Mejorar los estudios personales
- Saldar el pago de las deudas
- Tener un fondo de emergencia

- Emprender
- Proteger el futuro familiar
- Financiar la educación de los hijos
- Heredar algo a los hijos

En una conversación con uno de mis clientes, apareció una frase común en nuestra sociedad: al final lo que quiero conseguir en el futuro es "dejarle (heredar) algo a mis hijos".

Esta frase la he escuchado en repetidas ocasiones, y como en muchos casos, en economías emergentes como las nuestras, en las que pudimos tener muchas carencias y, en varios casos, el acceso a la educación y el progreso económico nos ha permitido salir adelante, no se puede eliminar la sensación de carencia y fragilidad que hemos vivido y que tememos puedan repetir nuestros hijos.

¿Qué es lo más importante que le podemos dejar a nuestros hijos? Por sobre todo, valores y educación, pero quizás lo más importante es que logren ser autosuficientes y felices.

¿Qué sentido tiene sobreprotegerlos? Precisamente consiste en cortarles las alas y limitarlos en su crecimiento. Por lo tanto, el pensar en dejarles algo a nuestros hijos, puede tener un efecto contraproducente en sus vidas.

Teniendo en cuenta estos casos, para mí, siempre ha sido una gran motivación planificar mi futuro financiero pensando en gastarme el último peso ahorrado en mis últimos días de vida (hijos, atentos a esto...).

De esta manera, ya que no pretendo dejar algo que heredar, tampoco quiero dejar preocupaciones a mis hijos, como ser una carga para ellos. El solo hecho de liberarlos de esa inquietud debería ser uno de los objetivos centrales de nuestra planificación financiera a largo plazo.

Grandes sueños, pequeñas acciones (importancia de los objetivos en el coaching)

Me considero una persona muy feliz. He logrado muchos objetivos de los que me propuse y soy un optimista empedernido. Hace muchos años que establezco metas anuales y en general las he ido cumpliendo, lo que me permite tener un registro de los progresos que voy logrando año a año.

Sin embargo, desde hace un tiempo, cuando pensaba en mis sueños, no los lograba identificar. Es decir, tenía y tengo metas siempre, las que considero más bien de corto plazo, pero me costaba pensar en lo imposible, en eso que uno anhela a lo lejos, ese típico sueño que se tiene en la infancia y se ve tan lejano.

Tristemente, me di cuenta que había dejado de soñar, porque soy muy agradecido y me siento muy feliz, pero al dejar de soñar, dejamos de expandir nuestros límites y, por lo tanto, caemos en la mediocridad, y en el statu quo, dejamos de avanzar.

Cuando nos encontramos en esta situación, generalmente es por razones positivas. Hemos conseguido un buen trabajo, ingresos que nos satisfacen, estabilidad y también algunas comodidades. A esto le llamamos comúnmente la "zona de confort", y es muy difícil resistirse a ella, por ende, muchas veces nos limita a desafiarnos, a conseguir nuevos objetivos.

Por lo tanto, volví a soñar, volví a pensar en qué quería hacer y que no estuviera aún a mi alcance. Así, todo comienza con el proyecto minijubilaciones.

Esta idea nace del libro súper ventas de Tim Ferris "La semana laboral de 4 horas". Básicamente lo que propone el autor, es una pregunta muy válida: ¿Por qué debemos esperar a los 65 años para jubilarnos? ¿por qué no pensamos en períodos más cortos de mini jubilaciones? ¿qué tal si nos vamos de viaje por unos 3 meses a un lugar donde podamos compatibilizar nuestra vida actual, poder seguir trabajando, pero que sea una experiencia significativa?

Este proyecto es bastante ambicioso en un inicio, pero en realidad cada día es más accesible en los tiempos actuales. De hecho, mi primera minijubilación estaba planificada para septiembre del 2020, pero la Pandemia del Covid-19 la postergó y, con ello, la hizo mucho más factible, precisamente por la aceleración del proceso de teletrabajo.

En ese sentido, existen muchos trabajos que son imposibles de realizar en modalidad a distancia y, por lo tanto, las personas que se encuentran en esa situación inmediatamente piensan: "¡qué buen plan, pero para mí es imposible, mi trabajo no me lo permite!" Entonces, ¡que estás esperando para cambiar ese plan! Si ahora no puedes lograr cierto objetivo ¿qué estás haciendo para lograrlo en el futuro? ¿Cuál es tu plan?

Teniendo identificado el sueño, es mucho más fácil ponerse a trabajar en la consecución de ese objetivo. En el caso de las minijubilaciones, elegir el destino, la fecha, las actividades que realizaremos, el lugar donde viviremos durante esos 3 meses en principio, las conexiones a otros lugares, etc. Es todo parte de tomar acción y ponerse a trabajar en ese objetivo.

Precisamente, lo difícil es ponerse en acción y, si no hay una motivación gigante, es complejo dar el primer paso. Por eso es bueno volver a soñar y expandir nuestros límites de lo posible, porque, de esa manera, todo lo que debemos hacer en el día a día, se hará más fácil.

A modo de ejemplo, para correr una maratón, debemos prepararla con unos 6 meses de anticipación, eso como mínimo cuando ya somos corredores habituales. Se inicia con trotes de 5 a 7 Km, dos o tres veces a la semana. Comenzamos a alimentarnos mejor y preocuparnos de bajar de peso, a medida que se van aumentando las cargas de a poco.

Luego avanzamos a trotes de 7 a 9 Km diarios, aumentando los días de entrenamiento para luego comenzar con las carreras largas semanales, de 15 a 21 Km. Todo esto es un proceso, que se va cumpliendo de acuerdo con una planificación y avances graduales. Sin embargo, esto solo es posible gracias a que existe una meta muy desafiante, como es correr una primera maratón, o también mejorar un registro anterior.

Objetivos

Siempre he admirado a Jim Rohn, así como muchos miles de personas se han inspirado en su filosofía, pasión y entrega por el desarrollo personal. De hecho, Tony Robbins, a quien también admiro, en varios pasajes de sus libros lo menciona como alguien que logró cambiar su manera de ver la vida.

En su libro "7 estrategias para alcanzar riqueza y felicidad", que, por cierto, es muy recomendable, hay algunos pasajes que llamaron mucho mi atención ya que se refieren acerca de cómo aterrizar los objetivos que uno tiene en mente.

Existen muchos objetivos que todos tenemos, como aumentar los ingresos, estudiar, acceder a cosas materiales, comprar o cambiar el automóvil, el sueño de la casa propia, entre otros. Sin embargo, al ser objetivos generales, que la mayoría de la gente tiene, pasan a ser parte del paisaje y no necesariamente logran movilizarnos.

Por ese motivo, es necesario cambiar un poco el foco y volver a soñar. A mí personalmente lo que me volvió a motivar y realmente impulsarme en el ámbito personal y profesional, fue cuando me encontré con el concepto de las minijubilaciones. Al comprender que podía disfrutar la vida en el ahora, realizando algunas pequeñas acciones que me permitieran tener un poco más de flexibilidad en el ámbito laboral, fue como un golpe de energía que me permitió ver más allá de mis límites auto impuestos y volver a soñar.

Citando a Jim Rohn,

"Para liberar este poder, necesitamos tener sueños bien definidos. Un futuro difuso tiene poca fuerza. Por eso, para alcanzarlos, para que tus planes de futuro te lleven hacia donde tú quieres, tus sueños deben ser vividos".

Descubre tus 50 objetivos

Más de alguno de ustedes ha escuchado, e incluso utilizado el concepto de "brainstorming" o lluvia de ideas. Uno de los primeros ejercicios que plantea Jim Rhon es poder imaginar 50 objetivos, de corto, mediano y largo plazo. Deben ser objetivos de toda índole, en mi caso, tan sencillos como tomarme un buen café por la mañana todos los días, hasta objetivos muy ambiciosos como lograr la libertad financiera.

Este ejercicio es muy poderoso, porque nos permite soñar, dejar de lado los límites y realmente conectarnos con lo que queremos lograr. No es necesario definir el objetivo, sino que solo plantearlo en breves palabras como podría ser: "cambiar el automóvil", "hacer deporte", "viajar a Europa", etc.

A modo de ayuda, a continuación, te comparto algunas preguntas que te podrían ayudar a encontrar estos 50 objetivos:
- ¿Quién quieres ser?
- ¿Qué es lo que quieres hacer?
- ¿Qué es lo que quieres tener?
- ¿Qué cosas quieres aprender?
- ¿Qué lugares nuevos te gustaría conocer?
- ¿Qué es lo que quieres ver?
- ¿Qué experiencias te gustaría vivir?
- ¿Qué es lo que te gustaría compartir?
- ¿Cuál sería tu estilo de vida ideal?

Por supuesto, todo lo que les comparto a lo largo de este libro, son experiencias que yo mismo he realizado. Déjenme comentarles que siempre me he planteado objetivos y llevo conmigo un listado de metas anuales que constantemente estoy revisando. Sin embargo, este ejercicio me costó muchísimo completarlo. Tardé varios días en lograr terminar este listado y eso que en el momento en que comencé, tenía una serie de objetivos por cumplir a raíz de un cambio de vida importante.

Ahora, el siguiente paso es anotar a un costado del objetivo el plazo que consideres realista para conseguirlo. La idea es que sean objetivos dentro de un año (1), tres años (3), cinco años (5) y diez años (10).

Lo que se busca con esta segunda etapa del ejercicio, es que exista un equilibrio en la cantidad de objetivos en los diferentes plazos. Es posible, que, en los plazos más cortos, exista una mayor cantidad de objetivos, algo totalmente normal, ya que se ven más cercanos y alcanzables, sumado a la dificultad de soñar a plazos más largos, algo que es innato en el ser humano. De todas formas, debes esforzarte porque exista un equilibrio en los diferentes plazos.

Luego, viene lo realmente importante, elegir los 4 objetivos principales de los 4 plazos que hemos definido previamente. La idea es elegir esos objetivos y describirlos con el mayor detalle posible, visualizarlos con la mayor claridad, e incluso, describir las sensaciones que te podrían inspirar.

Cuando ya conseguiste identificar estos 16 objetivos poderosos, escríbelos en una hoja, agenda o en cualquier lugar que puedas verlos todo el tiempo. Atesóralos y cada cierto tiempo, replantéatelos para verificar si te siguen movilizando. Este es un elemento fundamental, y uno de los aspectos más poderosos al definir nuestros objetivos.

Metas SMART

Si bien ya explicamos la importancia de detallar los objetivos que nos hemos planteado, deberíamos ser mucho más precisos en la definición de las metas que queremos lograr.

En inglés, SMART quiere decir inteligente, acrónimo que se utiliza a través de cada una de las letras para hacer referencia a cada una de las características que debe tener una buena meta.

Comencemos a detallar cada una y sus significados:

• Specific (Específico)

Cuando se trata de definir una meta, esta debe ser específica, definiendo claramente el "qué" queremos conseguir. Idealmente debería ser clara, sencilla, sin ambigüedades. Para que sea específica, además la meta debe contestar la siguiente pregunta ¿cuáles son mis razones, propósitos y beneficios para querer hacer esto? En concreto, si quisiéramos ser incluso mucho más específicos, la meta debería responder el qué, cómo, dónde y cuándo.

Desde un punto de vista financiero, todas las metas que podamos establecer deberían tener una condición: Valor monetario de la meta y el tiempo en que se debería conseguir. A modo de ejemplo, desde un punto de vista financiero podemos dar los siguientes ejemplos:

Ahorrar US$ 100 mensuales.

Comprar una propiedad de US$80.000 el año 2022.

Lograr la Libertad Financiera con ingresos mensuales de US$ 3.000 desde el año 2025.

• Mensurable (Medible)

¿Cómo sabré si logré mi meta? Para saber si la meta que nos propusimos se puede alcanzar, necesariamente se debe hacer un seguimiento del logro. Como muchas metas que nos proponemos, no se logran de un día a otro, sino más bien pueden ser parte de un proceso. Como en los ejemplos descritos anteriormente, es necesario medir el grado de avance de la meta.

En este caso, pasa a ser muy relevante el ¿cuánto quiero? y ¿para cuándo? Tomando los ejemplos anteriores, podría ser que la compra de una propiedad exija la búsqueda y elección de ésta, la aprobación de un crédito hipotecario y el ahorro del pie necesario para concretar la compra.

Desde un punto de vista financiero, sería muy importante medir mes a mes, al menos, cuánto se consigue avanzar en el ahorro para el pie de la propiedad.

• Achievable (Alcanzable)

Para conseguir metas, es muy relevante que podamos mantener la motivación por el logro. En ese sentido se torna demasiado importante el que las metas sean alcanzables. Si nos ponemos metas muy elevadas, sería fácil que podamos quedar a medio camino por la imposibilidad de conseguir la meta propuesta.

Ahora bien, es necesario que la meta sea ambiciosa, pero no imposible. En este caso se debe poner atención al "cómo" lograr la meta. Volviendo al ejemplo anterior, la compra de una propiedad de US$80.000 debe estar dentro de las posibilidades financieras de adquirirla, especialmente en cuanto a la capacidad crediticia y al ahorro necesario para el pie.

Recuerda, desarrolla tu actitud, habilidad, destrezas y capacidad financiera para poder lograr tus metas.

• Realistic (Realista)

Para conseguir una meta, debemos tener en consideración nuestros recursos y medios disponibles.

Si queremos ahorrar dinero y nunca lo hemos hecho, el primer paso debería estar enfocado en construir el hábito, comenzando por crear una cuenta, depositar todos los meses una pequeña cantidad, para luego ir incrementando el monto hasta llegar a la meta deseada. Si queremos pasar de no ahorrar nada, a ahorrar el 20% de nuestros ingresos de la noche a la mañana, sería una meta poco realista.

Cada persona debería ser consciente de sus potencialidades y limitaciones, por lo tanto, es imprescindible realizar un chequeo de qué tan factible sea conseguir la meta propuesta. En este momento, la pregunta que nos deberíamos hacer es ¿con qué? recursos podríamos lograr la meta propuesta, verificando cuáles son los medios de que disponemos, en quiénes nos podríamos apoyar, qué habilidades desarrollar, entre otras dudas a resolver.

• Timely (Temporal)

Las metas son para cumplirlas, pero deben estar enmarcadas en un periodo que se debe definir con exactitud. De hecho, el que exista un plazo bien definido, está directamente relacionado a lo realista que puede llegar a ser la meta por alcanzar.

Ahorrar una cierta cantidad de dinero no es tan difícil de conseguir cuando existe un plazo definido. Por ejemplo, no requiere el mismo esfuerzo ahorrar US$ 1.000 en un año, que en un mes. Pensando en esto, si el objetivo es adquirir una propiedad, pero no hemos fijado un plazo para hacerlo, lo que podría ser una meta, se convierte en solo un deseo.

Por lo tanto, además de definir el objetivo financiero a lograr, es imprescindible que éste venga acompañado de un plazo para que sea alcanzado. Si el objetivo es adquirir una propiedad dentro de un año, primero debo buscar opciones dentro de mi presupuesto, contar con los recursos para financiar el pie, luego revisar las opciones de financiamiento. Cada uno de los pasos deberá considerar un plazo claramente definido, de lo contrario, no será posible adquirir la propiedad dentro del plazo de un año.

CAPÍTULO V
DESCUBRIENDO TU PROPÓSITO

El dinero está en ti

En la medida que podamos encontrar la manera de vivir al máximo y sacar nuestro mayor potencial, podremos realizar con pasión las cosas que nos gustan hacer y que además se nos dan fácil.

A una persona se le puede dar fácil tocar un instrumento o hacer un deporte, a lo que se le suele llamar talento. Pero mientras no trabaje duro en mejorar día a día en sus habilidades, estará lejos de ser el mejor en su campo. Para que esto se logre, necesariamente debes sentir pasión por lo que haces.

A su vez, si tus talentos son acompañados de pasión por lo que haces, y si a eso sumamos que produzcas u ofrezcas un producto o servicio que el mundo necesite, estarás frente al cocktail perfecto para poder avanzar de manera más rápida en el logro de tus objetivos financieros.

Recuerda esto, nadie te da nada, nadie te compra nada, nadie te debe nada. Toda riqueza proviene de uno mismo y no de los demás. ¡Tu dinero eres tú!

Pero, si yo soy el dinero, ¿por qué no tengo dinero?

Fácil,

¿Cómo podrías darte lo que no sabes que tienes?

Dar para recibir. Mientras ayudas a más gente, más puedes obtener como recompensa. ¿Pueden tus clientes aumentar de forma ilimitada? Ese es el test ácido que nos permite soñar para crecer de una manera exponencial.

Si lo que das (tu moneda), que es con la que le pagas al mundo, se te hace fácil de realizar, en la medida que sea tu pasión, tu talento, vas a tener muchas más monedas, por lo tanto, podrás tener mucha más riqueza.

Por lo tanto, un aspecto central de la generación de riqueza se relaciona estrechamente con el "proyecto de vida" que tenemos. Este proyecto de vida es un plan que debemos confeccionar, un esquema vital que encaja en el orden de prioridades, valores y expectativas de una persona que, como dueña de su destino, decide cómo quiere vivir.

En consecuencia, el proyecto de vida tiene mucho que ver en cómo queremos vivir y esto se relaciona directamente con lo que nos gusta hacer.

IKIGAI: La filosofía de vida de los japoneses

Existe un concepto maravilloso proveniente de la cultura japonesa denominado IKIGAI, que podría traducirse como "razón de ser". Esto quiere decir que tienes una motivación vital, una misión, algo que te da fuerza para levantarte de la cama por las mañanas.

"El objetivo es identificar aquello en lo que eres bueno, que te da placer realizarlo y que, además, sabes que aporta algo al mundo. Cuando lo llevas a cabo, tienes más autoestima, porque sientes que tu presencia en el mundo está justificada. La felicidad sería la consecuencia",

Así es como lo define Francesc Miralles, autor del libro "Ikigai: los secretos de Japón para una vida larga y feliz", en una entrevista al diario El País.

Diariamente me encuentro con clientes a los que les cuesta mucho lograr encontrar su IKIGAI, de hecho, es algo bastante complejo de conseguir. Yo siempre me he sentido afortunado de hacer lo que me gusta y además cobrar por ello. Esto ha sido un proceso evolutivo en el tiempo y creo que es difícil que esa "razón de ser" se mantenga estática a lo largo de toda la vida.

Cuando era adolescente, era feliz animando las fiestas y logrando que las personas bailaran con la música que yo ponía. Luego, mi razón de ser era entregar buenas sugerencias de inversión. En tanto, en el último tiempo me he sentido plenamente realizado haciendo clases, compartiendo conocimientos y, además, ayudando a las personas a mejorar sus finanzas personales.

En todas las actividades en que he podido ganar dinero, hay un factor común que considero clave para sentirse contento con lo que uno hace: El Significado.

En palabras de Tal Ben-Shahar, reconocido profesor de Harvard, en su libro "Ganar Felicidad", define la felicidad como "la experiencia global de placer y significado", que a su vez la extrae del libro "The Positive Psychology Manifesto".

Sin embargo, para el IKIGAI, el objetivo último no es la felicidad. De hecho, Japón está bastante abajo en la lista de los países más felices del mundo, esto es, en el puesto 40 según el World Happiness Report de 2021. Por lo tanto, el objetivo es encontrar nuestro rol en la vida para que todo sea más fácil (en lo que eres bueno) y más placentero (lo que nos gusta hacer).

Luego, el paso más importante es identificar esa actividad y llevarla a la acción. Para alguien que disfruta escribir, será sentarse en su escritorio y avanzar con una página al día. Esta actividad se debe conectar con lo que necesita el mundo, para que de esa manera pueda tener significado y sea realmente un aporte. Hay muchas actividades que nos pueden apasionar, pero si no lo necesitan otras personas, no estarán dispuestas a pagar por ello.

El mundo está en constante cambio y a medida que avanzan nuestras vidas, nos cuestionamos las decisiones que hemos tomado previamente. ¿Fue bueno estudiar la profesión que tengo? ¿era lo que me gustaba? ¿por qué ahora no me satisface? ¿debo hacer un cambio laboral extremo? ¿en qué podría emprender?

A modo de ejemplo, una persona creativa y que se destacaba en el ámbito artístico, podría haber estudiado Diseño o Publicidad. Esos sectores han cambiado profundamente en los últimos años. Hoy en día, internet ha revolucionado el mundo y se necesita mucha creatividad para capturar la atención de las personas en las redes sociales o al llegar a una página web.

Aunque estas carreras siguen existiendo, a veces no se logran adaptar con rapidez a los nuevos tiempos. ¡Ahí está la clave!, cómo podemos dedicarnos a algo en lo que tengamos habilidades, nos guste y además sea una necesidad para el mundo, en donde podamos encontrar muchos clientes que puedan pagar por ello.

IKIGAI: "Tu razón de ser"

Nos detenemos en estos aspectos que son muy relevantes para la planificación financiera, porque muchas veces queremos ganar más dinero, invertir o apostar en un emprendimiento por la razón equivocada: dejar atrás una vida que no nos gusta.

En cambio, lo que debe pasar es exactamente todo lo contrario. Debemos encontrar el Ikigai, hacer lo que nos gusta y, luego por añadidura, el dinero llegará por montones.

De esta manera, para que mejoren tus finanzas personales, primero detente, ponte cómodo, busca un lápiz y tu cuaderno de apuntes y comienza a reflexionar acerca de los siguientes aspectos:

- Concéntrate en descubrir lo que amas.
- Descubre en lo que eres bueno.
- Piensa lo que el mundo necesita.
- Haz algo por lo que te pueden pagar.

Teniendo claridad respecto a lo que descubras de este proceso creativo, podrás determinar si debes buscar un nuevo trabajo, desarrollar nuevas habilidades, estudiar o incluso, comenzar un emprendimiento.

Nunca es tarde para volver a comenzar, pero existen probablemente dos momentos clave en la vida en los que te puedes replantear tu futuro. El primero es evidente, en plena adolescencia, cuando debemos elegir qué carrera profesional o técnica seguiremos. Sin embargo, es muy difícil que en ese momento seamos conscientes de nuestro Ikigai.

El otro momento es en plena madurez, cuando nos cuesta levantarnos para ir al trabajo, nos sentimos abrumados por las exigencias laborales y de nuestro entorno, pero nos mantenemos enfocados en ganar dinero, sin poder darnos una necesaria pausa para replantearnos nuestro futuro enfocados en el Ikigai.

Debemos tener claro que estos vacíos vocacionales siempre existirán, y es necesario tener cierta tranquilidad financiera para asumirlos y podernos permitir renunciar a nuestro trabajo, o tomarnos algunos meses sabáticos que nos permitan encontrar eso a lo que nos gustaría dedicarnos en el futuro.

Hazlo con pasión, no por obligación (Emprender)

La clave a la hora de emprender, es hacerlo en algo que te gusta, algo que te motiva y que idealmente, incluso por ocio eres capaz de hacerlo.

¿Qué cosas te gusta hacer los fines de semana en tu tiempo libre? Probablemente ahí puedas encontrar una idea de negocio. Hacer deporte, escuchar música, cocinar, leer, tocar un instrumento, ver películas, viajar, andar en bicicleta, conectarte con la naturaleza, etc. Cuando haces algo por placer, el tiempo se pasa volando y aunque no te paguen por realizar esa actividad, de todas maneras, lo harías feliz.

¿Por qué es tan importante hacer algo, emprender en algo con pasión?

Porque los tiempos malos van a venir, los ingresos se van a demorar en llegar, y en ese escenario no deberías claudicar. Al contrario, debes seguir, debes perseverar, esa es la única manera de lograr el éxito en los negocios. Cuando solamente buscas una oportunidad de negocio y no te atrapa, no te agrada, no te desvelas por ella, es fácil que, ante cualquier dificultad, lo dejes y busques otra nueva oportunidad.

Cuando estamos constantemente en la búsqueda, se pierde tiempo, porque cualquier negocio tiene su ciclo: inicio, desarrollo, maduración, rentabilidad. Si estamos solamente emprendiendo y nos quedamos siempre en la fase de inicio, jamás sabremos lo que es ganar dinero a través de la verdadera creación de una empresa.

He conocido a muchas personas que saben que su objetivo es emprender, que la idea es ser independiente para conseguir la libertad. Generalmente están cansados de su trabajo, de su jefe, y no les gusta lo que hacen. Llegan a sus casas agotados y además con problemas financieros que los ahogan. Por lo tanto, se obligan a encontrar un negocio, una idea para emprender. Pero, así no funciona la aventura del emprendimiento. Debe ser natural, en lo que se te da fácil, en lo que haces con pasión.

Hacia el final del libro nos detendremos para profundizar en la importancia de emprender y lo determinante que puede ser a la hora de lograr libertad financiera.

El guión práctico hacia el primer millón

CAPÍTULO VI

AVANZANDO HACIA LA PROSPERIDAD FINANCIERA

En la primera parte nos concentramos en analizar las causas de nuestros problemas con el dinero o, desde una perspectiva más positiva, por qué quisiéramos generar mayor riqueza, obtener libertad financiera o cuál es la razón que nos motiva a aprender y a administrar de mejor manera nuestras finanzas.

En esta segunda parte nos enfocaremos en como diseñar un plan financiero que sirva de guía para dirigir el camino hacia el cumplimiento de nuestros objetivos. Ya pudimos identificar nuestras fortalezas y debilidades, sin embargo, es necesario aprender nuevos conocimientos y adquirir nuevas herramientas que nos permitan ejecutar el plan para ir avanzando paso a paso y no desviarnos del camino.

Planificación Financiera

¿Qué es la Planificación Financiera?

En general, cuando se habla de un plan financiero o de la planificación financiera como concepto, se pone el foco en la jubilación. ¿Por qué postergar consumo presente en beneficio del consumo futuro?

Esencialmente, pensamos en la jubilación porque sabemos que nuestros ingresos bajarán considerablemente y que ésta es una época menos productiva laboralmente, en la que incluso se asume que ya no deberíamos trabajar.

Esta forma de pensar se basa en modelos económicos bastante añejos que asumen varios supuestos que no necesariamente se condicen con el comportamiento humano contemporáneo. La hipótesis del ciclo de vida fue desarrollada por el economista ítalo-estadounidense Franco Modigliani en 1957. La teoría establece que los individuos buscan "suavizar" el consumo a lo largo de su vida, pidiendo préstamos en épocas de bajos ingresos y ahorrando durante los períodos de bonanza económica.

Lo que nos dice la teoría de manera racional sería lo siguiente: Como estudiante, es lógico pedir prestado para financiar la educación. Luego, durante la vida laboral, se pagan los préstamos estudiantiles y se comienza a ahorrar para la jubilación. Este ahorro durante la vida laboral permite mantener niveles similares de ingresos durante la jubilación. Hasta ahí, ¿suena bien?

Lamentablemente, sabemos que en la práctica esto no es así.

A modo de ejemplo, en EE.UU. aproximadamente el 30% de los hogares cuyo jefe está cerca de la jubilación han hecho poca o ninguna planificación para la jubilación.

Ahora bien, mi opinión al respecto es que existe algo de desesperanza frente a la jubilación. La vemos como algo lejano, algo deprimente, especialmente por los sistemas de pensiones que tenemos en Latinoamérica y, además, la vemos con algo de desesperanza, de llegar viejos y cansados a esta etapa de nuestras vidas. Sin duda, es mucho más atractivo gastar hoy y disfrutar la vida mientras se pueda.

En este contexto, lo que cualquier plan financiero busca en primer lugar son objetivos claros, que en general se materialicen en ahorrar para la jubilación. Luego, sigue construir un presupuesto que nos permita conseguir algún nivel de ahorro razonable. A lo más considera algún instrumento de inversión, que suelen ser de bajo riesgo, porque la mayor parte de la población no se siente cómodo con las pérdidas, por razones obvias. Finalmente viene el proceso de desinversión, para transformar las decisiones tomadas en dinero que permita financiar la jubilación.

La experiencia de EE.UU.

En la principal economía del mundo, catalogada como la gran economía del consumo, se ahorra poco y las pensiones son bastante precarias. En el "país de la libertad", no se obliga forzosamente a ahorrar para la jubilación, ya que los ciudadanos deben construir de manera voluntaria una pensión autofinanciada a través del mecanismo 401K[1]. Las pensiones asistenciales son muy precarias para un país de ingresos elevados y, por consiguiente, de elevado costo de vida.

En este contexto, según un estudio realizado por la economista italiana Annamaria Lusardi, se pueden identificar diversos aspectos relevantes de los ciudadanos estadounidenses con relación a la planificación financiera, enfocados especialmente en la jubilación:

- Aproximadamente un 30% de los hogares cuyo jefe está cerca de la jubilación han hecho poca o ninguna planificación para la jubilación.
- Es particularmente difícil comprender las enormes diferencias en la tenencia de riqueza entre hogares de características y estatus económico similar.
- En los modelos tradicionales como el ahorro y optimización intertemporal, no se considera que la labor de planificar la jubilación es una tarea compleja y que implica costos.

---

1 Por definición, un plan 401(k) es un acuerdo que permite a un empleado elegir entre recibir una compensación en efectivo o diferir un porcentaje de esta a una cuenta usualmente llamada 401k. El importe diferido no está sujeto a impuestos para el empleado hasta que se retira o distribuye el dinero del plan.

Mi plan financiero

Por mi experiencia trabajando con cientos de personas, considero que la clave del éxito en un plan financiero está en dos aspectos que es de vital importancia modificar, ya que generalmente es difícil que las personas tengan la claridad necesaria para considerarlos naturalmente como una fuente de energía y motivación. Estos son:

1. Volver a soñar, pero que sean anhelos alcanzables, y hacerlo
2. En plazos mucho más cercanos.

Al hacer estos cambios a mi plan financiero, el impulso motivacional fue impresionante. Junto a esto, se deben considerar una serie de aspectos que son relevantes para el logro de los objetivos planteados.

En mi caso personal, lo que hizo una gran diferencia, una especie de "antes y después", fue la posibilidad de ejercer mi actividad laboral a través del teletrabajo. De esa manera, la capacidad de viajar y trabajar fue la mezcla perfecta para conseguir que mi motivación aumentara al 200% y pudiera trazar un plan en un plazo mucho más reducido.

La posibilidad de viajar, visitar nuevos lugares, vivir experiencias mucho más gratificantes, como conocer países o ciudades de una manera mucho más relajada, aprender cosas nuevas y todo esto, manteniendo las actividades diarias que me apasionan, era algo que sin duda me impulsó de una manera impresionante.

Por lo tanto, las preguntas que uno se debería hacer son:

- ¿Cuál es la vida que tendría si contara con tiempo y dinero? y luego,
- ¿Por qué tengo que esperar tanto para lograrla? o más bien,
- ¿Qué debo hacer para conseguirla en un plazo razonable?

El Diseño del Plan Financiero

En general, cuando hablamos de un plan financiero, nos enfocamos en las metas. Esto es perfecto, si el objetivo final fuera estar en una playa paradisíaca en el Caribe tomándote un mojito, pero, ¿qué viene después de eso?

Muchas veces idealizamos una meta, pero no nos damos cuenta que ésta se encuentra vacía de contenido. Por esta razón es fácil darse cuenta que muchas personas que alcanzan el "éxito", como músicos, artistas o personajes de la farándula, después de lograr algo que para muchos puede ser muy preciado, al final resulta que no era lo más importante.

Es por esta razón que el plan financiero debe estar directamente relacionado con el proyecto de vida, uno que deberíamos establecer con anterioridad.

Alguna vez te has preguntado ¿cuáles son tus sueños? ¿o tus motivaciones?

Cuando tienes estas respuestas, lo que sigue es relacionarlas con nuestros valores y objetivos. Finalmente, llega el momento de establecer las estrategias para lograrlos.

En consecuencia, es muy importante que además de tener muy claro cuál es el fin último, también podamos disfrutar el proceso.

En ese contexto el "Plan Financiero" debe considerar los siguientes aspectos:

1. Ser motivante.
2. Estar conectado con el proyecto de vida.
3. Poder concretarse en un plazo cercano.

En general, cuando se habla desde la academia, en un "Plan Financiero" se considera la confección de un presupuesto, el establecer metas y ahorrar para el futuro, comúnmente pensando en la jubilación.

Sin embargo, llevar un presupuesto es aburrido, requiere tiempo y muchas veces no nos gusta observar nuestra realidad, especialmente cuando nos resulta difícil llegar a fin de mes.

Luego, respecto a las metas, si es que las tenemos, a veces tienden a ser muy generales, como vivir en una casa más grande, cambiar el automóvil o financiar la educación de nuestros hijos. Bien, de hecho, ¡es excelente!, pero, ¿estas metas te entregan la energía necesaria para levantarte como un cohete de tu cama todas las mañanas? Siendo sincero, probablemente no.

Finalmente, sabemos que debemos ahorrar, como también sabemos que debemos comer saludable y hacer ejercicio, pero, ¿por qué nos cuesta tanto lograrlo? Más aún, si el ahorro está pensado en la jubilación, que en general lo vemos como algo muy lejano y en condiciones que pueden ser poco motivadoras al llegar cansados a una edad avanzada, sin mucha claridad respecto a lo que haremos en ese momento y muy probablemente con más de un problema de salud a cuestas.

En el diseño del Plan Financiero debemos considerar las siguientes etapas que a continuación te explicaré y que desarrollaremos en mayor profundidad en las siguientes páginas:

1. **Objetivos**: Esto lo hablamos en la primera parte. Todo comienza con los objetivos que queremos conseguir, pero específicamente deberíamos incorporar algunos sueños, alcanzables, que nos permitan dar el impulso necesario para realizar todos los esfuerzos e incluso sacrificios necesarios en la ejecución del plan. En este punto, puedes repasar las Metas SMART y así plantearte objetivos en diferentes marcos temporales, ya sea a 3 meses, un año o 10 años.

2. **Resetear la mente**: Los problemas de dinero no se solucionan con dinero. La lógica de la causa y efecto es evidente en el ámbito financiero. No obstante, para conseguir mayor bienestar económico lo primero es cambiar nuestra manera de pensar.

3. **Presupuesto**: El primer desafío a la hora de comenzar con nuestro plan financiero es sentarnos, utilizar papel y lápiz, o una planilla Excel, y ser lo suficientemente sinceros con nosotros mismos para revisar cuáles son nuestros gastos, dónde nos hemos excedido, además de cuáles podrían ser las optimizaciones y cambios necesarios que podríamos realizar para aumentar nuestros ahorros.

4. **Educación financiera constante**: Nunca debemos dejar de aprender y con el paso del tiempo, el acceso a la información y exceso de contenido relacionado a las finanzas personales e inversión nos puede estar jugando en contra. En la Era de la Información podemos tener problemas con la "infoxicación", que es precisamente el tener mucha información a nuestro alcance, pero gran parte de ella es difícil de digerir. Como en muchas áreas de la vida, también es importante planificar nuestra futura educación respecto a las finanzas personales.

5. **Aumentar Ingresos y disminuir Gastos**: Quizás en este momento no sea posible ahorrar, o quizás el ahorro que conseguimos es insuficiente, por lo tanto, el foco debería estar en aumentar los ingresos, conseguir diferentes fuentes de ingresos y poner el foco en la construcción de ingresos pasivos. Asimismo, los gastos siempre se pueden optimizar, lo que nos permitiría poco a poco ir aumentando la cantidad de ahorro mensual.

6. **Plan de ahorro**: En el pasado, con menos productos financieros al alcance de todos, pero con mayor hábito del ahorro, era común encontrar en cualquier hogar un chanchito[2] lleno de monedas. En el presente, inundados de ofertas y

---

2 En Chile, la referencia al "chanchito" se relaciona con un tipo de alcancía que podía ser de greda o plástica, con forma de cerdo, en la que se depositaban monedas y billetes, para después sacarlos "rompiendo el chanchito".

fácil acceso al crédito, la tentación de gastar, suele ser mucho mayor que el autocontrol y la postergación del consumo. Adicionalmente, existe un amplio abanico de alternativas de ahorro e inversión, lo que muchas veces confunde y paraliza. Por lo tanto, debemos ser conscientes de hacer optimizaciones en nuestros gastos mensuales para aumentar nuestra capacidad de ahorro, en conjunto con el diseño de un plan de ahorro que permita avanzar más rápido en la búsqueda de una mayor libertad financiera.

7. **Inversión financiera**: El ahorro no sirve de mucho si se acumula bajo el colchón. La única manera de que el dinero trabaje para nosotros es invirtiendo en diferentes instrumentos financieros que permitan aprovechar la magia del interés compuesto. Con el paso del tiempo, las inversiones financieras, a través del pago de dividendos, pueden ser una excelente manera de obtener ingresos pasivos.

8. **Inversión inmobiliaria**: Uno de los ingresos pasivos más conocidos es la inversión inmobiliaria, y una de las alternativas de apalancamiento (deuda) más aceptadas por la gente es el invertir en propiedades. Para acelerar la construcción de patrimonio y pavimentar de mejor manera el camino hacia la libertad financiera, es imprescindible invertir en propiedades.

9. **Emprender**: Tarde o temprano considero que es necesario emprender, por pasión o desesperación, ya que siempre están presentes las ganas de hacer algo que nos motive, construir algo para nosotros y no trabajar para un tercero. O, por otro lado, puede ser por desesperación, ya que, si no planificamos nuestro futuro, es posible que cada vez nos frustre más el depender de un ingreso tradicional en un trabajo para poder subsistir. Para qué decir, respecto a la jubilación, que, si es insuficiente, por obligación deberemos trabajar hasta nuestros últimos días.

A lo largo de los capítulos de este libro, hemos ido desarrollando cada uno de los 9 pasos para lograr mayor Libertad Financiera. Ahora, en los siguientes capítulos ahondaremos en cada uno de los pasos con consejos prácticos, tal como si estuviéramos en reuniones de asesoría personalizada, de la misma forma como lo he hecho con nuestros clientes en los últimos cinco años.

Te invito a tomar un café y conversar sobre finanzas personales.

CAPÍTULO VII

UN PASO INCÓMODO, PERO INEVITABLE

Presupuesto

De todo lo que hablamos previamente respecto al plan financiero, nos enfocamos en la primera parte del libro en lo más importante que es el cambio mental y, luego en el diseño de objetivos que nos permitan ponernos en acción.

Ahora, el siguiente paso en la construcción del plan financiero se refiere al diseño de un presupuesto. Es muy fácil gastar, es difícil ahorrar, pero es mucho más aburrido planificar y, por ende, presupuestar.

Existen diferentes partidas que son fáciles de identificar en nuestro presupuesto, las consideramos casi parte del sentido común, como los ingresos que percibimos, el gasto en vivienda, ya sea el pago de una hipoteca o dividendo, un arriendo e incluso los gastos comunes. También están ciertas cuentas como los servicios básicos que pagamos todos los meses (agua, luz, gas, internet), así como también los gastos en educación, e incluso los gastos en transporte, todos son desembolsos que rápidamente podríamos anotar en un cuaderno.

Los problemas comienzan con los gustitos o caprichos que nos damos: las salidas a comer, vestuario más allá del necesario y especialmente costoso (marcas conocidas), vacaciones, regalos, más café de la cuenta en el Starbucks, y los imprevistos, entre otras partidas, estos últimos son especialmente difíciles de identificar, principalmente porque son desembolsos no recurrentes mes a mes, pero si año a año.

Ahora, ¿cuáles son las razones de porque nos cuesta tanto presupuestar?

- **Requiere tiempo**: En la actualidad, uno de los bienes más escasos es el tiempo. Corremos todo el día, tenemos muchas responsabilidades, compromisos y por lo mismo, cuando tenemos algún tiempo libre, lo atesoramos para distraernos. No les voy a mentir, el confeccionar un presupuesto y llevar las cuentas al día, para monitorear el comportamiento de nuestros gastos, requiere tiempo, aunque la tarea más difícil, como en la mayoría de las cosas, está en el hecho de comenzar. Con el paso de los días, este hábito se hace mucho más llevadero, además, al observar cambios positivos en nuestras finanzas, el proceso pasa a ser motivante.

- **Tomar conciencia**: Quizás el aspecto más relevante de por qué evitamos construir un presupuesto, es el hecho de que sabemos que en la realidad éste puede ser difícil de manejar. Cuando tenemos algunos, o varios kilos demás en nuestro cuerpo, puede ser difícil mirarnos al espejo. Con las finanzas personales puede pasar lo mismo. Sabemos que, al llevar el presupuesto, lo que probablemente veremos al final no será agradable. Pero, tanto para bajar de peso, así como para mejorar nuestras finanzas, debemos tomar conciencia para comenzar el proceso de cambio.

- **Disciplina**: Llevar las cuentas ordenadas no se trata de hacerlo una vez al año, sino que es un proceso constante que requiere atención y disciplina. Por esta razón, debemos convertirlo en un proceso agradable, pero, por especialmente, que sea lo más sencillo posible, para que nos mantengamos firmes hasta lograr el hábito de tener claridad sobre cada peso que ganamos y gastamos.

Existen varias maneras de confeccionar un presupuesto, desde lo más simple con un cuaderno o agenda donde anotamos nuestros ingresos y gastos, pasando por una sencilla planilla Excel que llevemos en el computador, o un complejo "panel de indicadores" que nos pueda entregar la misma planilla Excel en el caso de los expertos informáticos.

En los últimos años, los bancos han introducido a través de sus sitios web algunas ayudas a la hora de presupuestar, categorizando los gastos en ítems principales que permiten tener cierta visibilidad de hacia dónde se van nuestros gastos. Sin embargo, en reiteradas ocasiones, la información es incompleta, y se debe a una sencilla razón, asociada a la dificultad de establecer criterios precisos de gastos, siendo el ejemplo más común los giros del cajero automático, en donde no se puede saber el destino de esos dineros.

¿Qué es lo adecuado a la hora de gastar?

Probablemente una de las preguntas más difíciles de contestar, por cualquier persona, es cuánto debería gastar en cualquier ítem de su presupuesto. De hecho, ha sido habitual en mi experiencia que regularmente llegue una persona buscando asesoría, solicitando la fórmula perfecta de gastos para atenerse a ella mes a mes.

Sin embargo, esta respuesta no es tan fácil, ya que existen diferentes factores que es necesario tener en cuenta al momento de definir cuánto se debería gastar en cada ítem.

Algunos aspectos que se deben tener en cuenta son:

- **Ingresos**: Cuando los ingresos son reducidos, se deben destinar principalmente a los gastos básicos como alimentación, vivienda y transporte. A medida que aumentan los ingresos, los gastos básicos pasan a ser proporcionalmente menos relevantes y se pueden incluir gastos suntuarios como entretención, gustos y vacaciones.
- **Grupo familiar**: Vivo solo, en pareja y además tengo hijos. No es lo mismo vivir en pareja con ambas personas trabajando y obteniendo ingresos, versus una familia que incluye 2 o 3 niños.
- **Educación**: En Chile ha sido común el pagar por educación, desde la incorporación a un jardín infantil, pasando por la educación básica y media[3], hasta la educación superior. En todos los casos, este ítem puede haber sido una parte importante del presupuesto familiar.
- **Transporte**: Puede existir una gran diferencia en el presupuesto familiar al considerar los gastos en movilización. Cuando se vive en zonas urbanas, con buen acceso al transporte público, esto puede significar un gran ahorro cuando se utiliza el metro o buses. Ahora bien, al dar el salto al uso de un automóvil, los gastos aumentan considerablemente, más aún cuando se vive a grandes distancias del trabajo.

A pesar de la dificultad de estandarizar los gastos familiares, en Chile hemos podido establecer ciertos parámetros basados en una familia promedio, de ingresos medios, en donde se han logrado identificar ciertos gastos que permitirían establecer una referencia o punto de partida para cualquier presupuesto mensual:

- En primer lugar, de acuerdo con la normativa bancaria vigente, no se puede pagar por una hipoteca o dividendo más allá del 25% de los ingresos, restricción que se aplica igualmente para

---

3 En Chile se conoce como Enseñanza Media a lo que otros países de América Latina se denomina Secundaria.

un contrato de arriendo. Sin embargo, como en todo, podría existir cierta flexibilización hasta un 30% de los ingresos.

- Luego, de acuerdo con la VIII Encuesta de Presupuestos Mensuales (junio 2018) elaborada por el Instituto Nacional de Estadísticas (INE), los 3 principales ítems de gasto familiar consideran alimentación (18,7%), transporte (15,2%) y vivienda más servicios básicos (14,3%). En suma, todos estos ítems alcanzan un 48,2% de los ingresos.

- Con el paso del tiempo, el presupuesto en vestuario ha disminuido considerablemente al 3,4% de los ingresos, mientras que el gasto en recreación y cultura, más restaurantes y hoteles, ha aumentado considerablemente al 13,3% del total.

- Lo que resulta más llamativo de la encuesta es el bajo gasto en educación, algo que pone una cuota de alarma para las familias de ingresos medios/altos, ya que considera solamente un 6,5% del presupuesto para este ítem. En mi experiencia, el gasto en educación de una familia de ingresos medios/altos puede llegar a representar fácilmente un 20% o más de un presupuesto típico, lo que puede afectar seriamente el bolsillo de una familia.

Simplificando la fórmula (50/30/20)

Ya habíamos dicho que era muy importante simplificar el presupuesto para poder movilizarnos y alcanzar la disciplina necesaria que nos permita lograr el ansiado orden en nuestras finanzas.

Teniendo en cuenta esa simpleza, varios autores relacionados a las finanzas personales hablan de la fórmula 50/30/20, la que explico a continuación:

- **50% en gastos del hogar:** Como hablamos anteriormente, los gastos en vivienda, servicios básicos, alimentación y transporte, debemos ubicarlos dentro de este porcentaje, que termina siendo una porción considerable en el presupuesto. Además, como son gastos recurrentes de todos los meses, tenemos los números muy presentes y rápidamente podemos llegar a establecer cuánto gastamos en estos ítems.

- **30% en gastos personales:** Cuando hablamos de este tipo de gastos, rápidamente se nos vienen a la mente algunos gastos suntuarios, como salidas a comer, la mensualidad del gimnasio, vacaciones, vestuario más allá del estrictamente necesario, regalos, suscripciones, entre otros. Sin embargo, en este ítem también deberían estar algunos gastos que podrían llegar a ser relevantes, como los extras que pagamos por un plan de salud, medicamentos, consultas al médico e incluso la educación propia o de nuestros hijos. Claramente, al observar estos gastos, alguien que vive solo puede destinar este porcentaje de su presupuesto a gastos suntuarios, mientras que una familia con hijos, debería privilegiar el pago de salud y educación dentro de este 30%.

- **20% en ahorro:** Para muchas personas, ahorrar un 20% de los ingresos puede sonar como un imposible. Uno de los problemas más comunes de la población es "la dificultad de llegar a fin de mes", lo que quiere decir que ni siquiera alcanzan los ingresos mensuales para cubrir todos los gastos recurrentes. Esto es una realidad y considero que, en una sociedad de consumo, donde la inmediatez se ha apoderado de nosotros, cambió radicalmente nuestra forma de consumir, de la lógica de ahorrar para comprarnos una bicicleta, a usar la tarjeta de crédito para adquirir un smartphone. Por esta misma razón, no es difícil comprender que nos cueste cada día mucho más ahorrar, algo que precisamente espero que puedas cambiar con este libro.

Ahora que hemos podido pavimentar el camino para elaborar un presupuesto mensual y luego de conseguir el orden en nuestras finanzas personales, seguiremos avanzando.

CAPÍTULO VIII
EDUCACIÓN FINANCIERA: LA GRAN TAREA PENDIENTE

El mayor aporte de Robert Kiyosaki

Sin duda, para muchos Robert Kiyosaki ha sido su fuente de inspiración, por el hecho de que nos ha abierto los ojos en varios aspectos relacionados a la educación y la libertad financiera.

Sin embargo, una de las ideas principales que nos ha transmitido, proviene de su "cuadrante del flujo del dinero", en que explica de una manera muy sencilla las diferentes fuentes de ingreso que podemos conseguir y que idealmente podemos construir a medida que avanza nuestra vida.

Inicialmente, comenzamos como Empleados, luego complementamos ingresos o damos un primer paso hacia la libertad a través de Auto Emplearnos. Siguiendo este camino, damos un salto definitivo en la búsqueda de la seguridad hacia la libertad financiera cuando creamos nuestro propio negocio, lo hacemos crecer y, con el tiempo, esa empresa nos entrega utilidades que nos permitan alcanzar la libertad. Finalmente, el último cuadrante es el del Inversionista. Si bien es la coronación de las diversas fuentes de ingreso y, probablemente, es a lo que todos deberíamos apuntar, es también lo que podemos conseguir más rápidamente si nos educamos de la manera correcta.

El Triángulo de las Finanzas Personales

Si tuviéramos que resumir en qué conceptos deberíamos enfocarnos para conseguir nuestros objetivos financieros y establecer un camino claro sobre cómo avanzar en la carrera de la vida y nuestra relación con el dinero, serían los siguientes tres:

1. Educación Financiera
2. Planificación Financiera
3. Libertad Financiera

En resumidas cuentas, básicamente debemos aprender cómo funciona el dinero, desarrollar habilidades para su creación, y técnicas para poder administrarlo y protegerlo. De esta manera, el dinero finalmente dejará de ser importante, casi una preocupación, y estaremos más cerca de alcanzar la absoluta libertad.

Conceptos Financieros básicos:

Para evolucionar de manera correcta en el mundo de las finanzas personales, primero debemos comprender diferentes conceptos que marcarán una gran diferencia en la manera en cómo nos relacionamos con nuestro dinero y tomamos decisiones a lo largo del tiempo.

Diferencias entre Activos versus Pasivos

Un activo coloca dinero en tu bolsillo, mientras que un pasivo te lo quita. Así de simple.

A pesar de mi profesión contable, que es un idioma bastante particular, se agradecen explicaciones tan sencillas para graficar temas tan complejos. Esto lo hizo posible Robert Kiyosaki para exponer las diferencias entre un activo y un pasivo, siendo muy criticado con el ejemplo de la casa propia.

A pesar del valor que tiene una propiedad para cualquier persona, más aún cuando ya se ha pagado la mayor parte, de todas formas, Kiyosaki lo considera un pasivo, porque cuando uno tiene su casa o departamento propio ¡nunca se termina de gastar!

Primero, siempre queremos dejarla lo más linda posible. Luego, siempre surgen reparaciones y transformaciones, además de gastos de mantención, impuestos, entre otros. Esta es la principal diferencia respecto de una propiedad de inversión, en que idealmente se pueda arrendar con un diferencial a favor respecto a la hipoteca, además de la plusvalía que pudiera tener con el paso del tiempo.

Por lo tanto, ejemplos de activos son todas aquellas alternativas de inversión que pudieran entregarnos dinero para nuestros bolsillos, como puede ser un negocio o empresa, acciones que cotizan en Bolsa y que nos entreguen dividendos, fondos de inversión, propiedades de inversión, regalías, etc.

No importa cuánto ganas, importa cuánto acumulas

En el libro "El Millonario de la Puerta de al lado", de Thomas J. Stanley y William D. Danko, se realiza un profundo análisis sobre cómo las personas adineradas en EE.UU. han construido sus fortunas.

En sus páginas se diferencia a los BAR (Buen Atesorador de Riqueza) de los MAR (Mal Atesorador de Riqueza). Este concepto se refiere a la forma en que las personas logran ahorrar una buena parte de sus ingresos, siendo muy austeros en su manera de vivir.

Los autores tienen una exigente medida de riqueza, la que se determina multiplicando tu edad por la renta familiar anual antes de impuesto, para luego dividirla por 10. A modo de ejemplo, una persona de 40 años con ingresos anuales de US$ 50.000, significa un monto de US$ 2.000.000, que luego al dividirlos por 10, da como resultado que debería tener un patrimonio neto de US$ 200.000.

De esta manera, un BAR es considerado quien tiene el doble de riqueza teórica, que en el ejemplo anterior se trataría de una persona que tiene US$ 400.000 de patrimonio neto.

Ahora bien, me impresiona la descripción que se hace de profesionales que obtienen buenos ingresos, como médicos, abogados u otras profesiones que en general tienen vidas muy costosas, con trajes de varios miles de dólares, automóviles último modelo, hijos en los mejores colegios y universidades, lo que les hace imposible acumular dinero, a pesar de sus elevados ingresos.

Cuando leí este libro, me parecieron increíbles las similitudes que vivimos a diario en países latinoamericanos, cuando se trata de personas que obtienen elevados ingresos.

Patrimonio

Teniendo en consideración los conceptos anteriormente descritos, en definitiva, se trata de incrementar nuestro patrimonio a través del ahorro, para luego hacerlo por medio de la construcción de activos.

En mis primeros años de universidad, aprendiendo el lenguaje contable y el análisis financiero de empresas, me di cuenta que existían muchos indicadores y ratios financieros con los que podíamos evaluar las corporaciones.

En ese momento me preguntaba si existía algún mecanismo que permitiera analizar la información financiera de una persona, ¿se podría tener información comparable entre diferentes individuos? Obviamente que sí existe, y los líderes en este aspecto son los Bancos, que deben analizar constantemente a muchas personas para decidir si son sujetos de crédito o no.

Cuando el banco nos pide una declaración de ingreso u hoja de balance patrimonial, busca encontrar dos indicadores clave: 1) nuestro Nivel de ingresos y estabilidad de estos y, 2) nuestro

Patrimonio neto. ¿A qué se refiere este último concepto? A la diferencia resultante entre activos menos pasivos (deudas).

En consecuencia, cuando analizamos la situación financiera de una persona, es extremadamente relevante determinar cuál sería su patrimonio neto. A modo de ejemplo, cuando adquirimos una propiedad, generalmente el banco nos solicita un "enganche" o "pie" (un pago inicial) para poder otorgarnos un préstamo.

Luego, al pasar el tiempo, vamos pagando la deuda y es posible que la propiedad aumente de valor, por lo tanto, en cualquier minuto debemos determinar cuál es el nuevo precio de la propiedad (Ej.: 1000) y cuál es el monto de la deuda (Ej. 700). La diferencia resultante entre el activo, menos el pasivo, es el patrimonio neto de una persona. En el mundo empresarial, a este concepto se le denomina el "valor en libros".

Ingresos Pasivos

Para mí, éste es sin duda uno de los conceptos más revolucionarios planteados por Kiyosaki y que realmente me ¡voló la cabeza! Si bien los ingresos pasivos siempre han existido, poner el foco en la construcción de estos ingresos para conseguir la libertad financiera es clave.

La lógica financiera nos indica que, para construir ingresos pasivos, debemos primero invertir en activos. Tradicionalmente, el invertir en activos requería de dinero, por ende, a mayor dinero invertido, mayores ingresos pasivos. En este caso, nuevamente tomando como ejemplo la inversión en una propiedad, al adquirir un bien de este tipo y arrendarlo, éste se transforma automáticamente en un generador de ingresos pasivos.

Con el desarrollo de la tecnología y la Era de la Información, es posible construir muchos activos digitales, hacerlo con poco capital y que nos generen ingresos pasivos. Al unir este gran concepto y adaptarlo a la nueva era en que vivimos, es posible construir un patrimonio menor, pero de todas formas que genere ingresos pasivos que nos permitirán vivir tranquilamente.

Riqueza

Tradicionalmente se asocia la riqueza al plano material, a la tenencia de bienes y la billetera llena de dinero. También se asocia al trabajo duro, al esfuerzo, al sacrificio. Incluso en generaciones pasadas se valoró este principio en función de que, la falta de riqueza era una señal de pereza, incompetencia e inutilidad.

Pero el mundo ha cambiado, y mucho. Hoy la riqueza se asocia a la libertad de elegir. A qué hora me levanto, qué días trabajo, en qué horarios, y si puedo pasar tiempo con la familia y amigos cuando me plazca. Todas estas decisiones se toman en función del trabajo que realizamos y nos adecuamos a los tiempos que nos quedan disponibles, siendo la prioridad, cumplir con nuestra responsabilidad de trabajar.

Hoy es tiempo de pensar diferente y lograr riqueza en diferentes planos, como el material, espiritual y familiar, algo que se puede lograr con inteligencia financiera que nos permita vivir cómodamente, pero sin dejar que el trabajo nos consuma. En ese sentido, la riqueza estaría asociada más bien a la construcción de ingresos pasivos que nos liberen tiempo y nos permitan poder trabajar cada vez menos con el paso del tiempo.

Mantener el valor del dinero en el tiempo

Una inflación controlada es algo deseable, ya que permite que la economía se desenvuelva de manera adecuada. De hecho, la deflación (caída constante en los precios) ha sido un gran problema para

Japón en las últimas décadas, al postergar el consumo presente por consumo futuro, perjudicando el crecimiento económico.

Hace 20 años atrás, comprar algunos productos era mucho más barato. Miramos hacia atrás y lo vemos incluso con nostalgia. Pasa exactamente lo mismo con alguna experiencia inmobiliaria, el valor de algún terreno o el precio que pagaron nuestros padres por una casa o departamento parece ridículo. Sin embargo, también los ingresos familiares aumentan con el paso del tiempo.

Lo realmente importante es que tanto los ingresos como las inversiones, aumenten considerablemente más que la inflación. Solo de esa manera podremos mantener nuestro poder adquisitivo a lo largo del tiempo.

A modo de ejemplo, si la inflación anual es del 3%, mantendremos nuestro poder adquisitivo siempre y cuando nuestros ingresos anuales aumenten sobre ese nivel, es decir, un 4%, 5% o 6%. Con las inversiones pasa lo mismo, serán de verdad rentables en la medida que nos proporcionen una rentabilidad superior a la inflación, concepto que se denomina rentabilidad real de las inversiones.

¿Invertir es arriesgado?

Esta es una afirmación recurrente, que proviene especialmente de las personas más aversas al riesgo, quienes han tenido malas experiencias en el pasado y no toleran resistir pérdidas momentáneas con el objetivo de lograr mayores retornos en el futuro.

En definitiva, el pensar que invertir es arriesgado es solo la triste consecuencia de la falta de educación financiera, y de escuchar consejos de las personas equivocadas.

La inversión se convierte en arriesgada cuando no diversificamos, cuando compramos un instrumento de inversión de manera tardía (en la cresta de la ola), cuando nos asesoramos con las personas incorrectas, o cuando creemos que por el hecho de que una acción o fondo cayó mucho, definitivamente tendrá que subir.

La historia nos ha demostrado que invertir en acciones y fondos accionarios, es mucho más rentable en el largo plazo, a pesar de que deberíamos convivir por algunos periodos intermedios de dolorosas pérdidas, que incluso han llegado al 50% o 60% del capital invertido.

Sin embargo, en la construcción de patrimonio, además de invertir los recursos en acciones, es imprescindible que ésta sea acompañada de un ahorro constante en el tiempo, uno que nos permita ir promediando las compras de los instrumentos financieros en que invertimos a largo plazo.

Seguridad financiera

Cuando hablamos de dinero, si nos ponemos metas muy ambiciosas, éstas probablemente podrían tardar tiempo en cumplirse, lo que a su vez puede ser desmotivante. Sin embargo, para estar comprometidos con nuestros objetivos, debemos ser fieles al plan.

En el ámbito de las finanzas personales, la libertad financiera debería ser el fin último, pero puede demorarse en llegar. Por esta razón, un primer objetivo podría ser el asegurar un primer escalón que nos permita conseguir una libertad parcial. Ese primer peldaño podría ser la búsqueda de seguridad financiera.

La seguridad financiera se consigue al obtener ingresos que nos permitan costear nuestros gastos básicos como vivienda, alimentación y los gastos habituales del funcionamiento de un hogar. Por esto, dentro del presupuesto la idea es tener muy claro ese número, ya que debería ser el primer objetivo por cumplir para comenzar a obtener tranquilidad financiera.

Libertad financiera

El fin último es sin duda conseguir la libertad financiera, la nueva riqueza, ese objetivo que persiguen muchas personas que comenzaron leyendo a Kiyosaki y se apasionaron por el mundo de las finanzas personales, dentro de las que me incluyo. La gran meta es tener activos que generen ingresos pasivos, que nos permitan financiar nuestro estilo de vida.

En términos simples, lo que generalmente le ocurre a una persona común y corriente, es que trabaja todo el mes para obtener un ingreso que le permite financiar todos sus gastos. Pero, si deja de trabajar y no tiene ahorros, la insolvencia está a la vuelta de la esquina, al igual que la imposibilidad de mantener su estilo de vida.

En consecuencia, para conseguir la ansiada libertad financiera, nuestro ingreso futuro debería ser, a lo menos, el ingreso mensual que recibimos actualmente, lo que se debería conseguir a través de diferentes activos que produzcan ingresos pasivos, como rentas de inmuebles y dividendos que entregan empresas o fondos de inversión, en conjunto con algún negocio que genere utilidades y las distribuya cada cierto tiempo.

En el mundo de las finanzas personales, un objetivo razonable podría ser conseguir la construcción de un patrimonio de US$ 1 millón.

¿Cuál es la razón de este número mágico?

En primer lugar, porque de esa manera se lograría ser "millonario". Pero, en segundo lugar y, mucho más importante, porque al conseguir una rentabilidad del 7% anual, se pueden conseguir ingresos anuales de US$ 70.000, que se traducen en un ingreso mensual de poco más de US$ 5.000, considerado "el salario de la felicidad".

Un conocido estudio realizado en 2010 por los investigadores de Princeton Daniel Kahneman y Angus Deaton, descubrió que las personas tienden a sentirse más felices cuanto más dinero ganan, pero hasta un cierto punto, el que Kahneman y Deaton estimaron en unos US$ 75.000 anuales por persona, para un salario de la época en Estados Unidos.

La investigación concluyó que una vez pasado ese umbral, el aumento de la riqueza no hacía que los participantes se sintieran más felices, cayendo en incrementos decrecientes de felicidad. Es decir, incrementos adicionales en los ingresos mensuales, proporcionan incrementos cada vez menores en los niveles de felicidad.

CAPÍTULO IX
COMPRANDO LIBERTAD

Ahorro

El punto de partida de cualquier plan financiero, consiste en ahorrar. Al igual que cuando queremos iniciar una dieta para bajar algunos kilos de más, ahorrar consiste en dar el primer paso y tener la voluntad para hacerlo.

No se trata de matarte en el gimnasio para bajar todos los kilos en una semana, como tampoco consiste en hacer un sacrificio enorme y comenzar a ahorrar de la noche a la mañana un 20% de nuestros ingresos. Al final, ambas conductas es necesario convertirlas en un hábito, por pequeño que éste sea.

Es común que no ahorremos. Las estadísticas son categóricas al respecto y la gran mayoría de las personas no lo hace por diversas razones: falta de recursos, (por supuesto); optimismo sobre el futuro; o privilegiar el presente, pero, independiente de estas razones, la gran mayoría no logra ahorrar por falta de hábitos y exceso de excusas.

En este capítulo nos vamos a concentrar en la importancia de construir un "Fondo de Ahorro" y, para lograr ese objetivo, te voy a dar numerosas ideas para que puedas optimizar tus gastos y contar con una mayor capacidad de ahorro.

Págate a ti primero

Dentro de los muchos conceptos que nos ha enseñado Robert Kiyosaki, uno de los más importantes consiste en pagarse a uno mismo primero.

Cuando comenzamos en el agitado mundo laboral y de los compromisos, trabajamos todo el mes para recibir un sueldo, con la urgencia de pagar la hipoteca o arriendo de donde vivimos, los servicios básicos del hogar, la alimentación y uno que otro gusto cuando nos sentimos con dinero en el bolsillo, para que al final, con lo que quede, ahorrar un pequeño monto. Esto último, el ahorro, prácticamente nunca ocurre, porque siempre hay necesidades y urgencias que cubrir, por lo tanto, se hace muy cuesta arriba el conseguir ahorrar.

Ahora bien, el concepto de pagarse a uno primero es bastante más antiguo que lo expuesto por Kiyosaki. De hecho, cuando se trata de hablar de ahorro, uno de los principales autores es George S. Clason, que escribió en el año 1926 el Best Seller "El hombre más rico de Babilonia", donde nos entrega consejos financieros de una manera muy didáctica, ambientada en la época de la antigua Babilonia, hace más de 4.000 años.

En uno de sus pasajes nos explica lo siguiente:

"Una parte de lo que tú ganas es tuyo y lo puedes conservar. No debe ser menos de una décima parte, sea cual sea la cantidad que tú ganes. Puede ser mucho más cuando te lo puedas permitir. Primero págate a ti. No compres al zapatero o al sastre más de lo que puedas pagar con lo que te quede, de modo que tengas suficiente para la alimentación, la caridad y la devoción a los dioses".

Tan solo en un párrafo nos alimenta con 2 grandes conceptos:
- Ahorra un 10% de tus ingresos
- Págate a ti primero

Seguramente por estas enseñanzas se ha popularizado la idea de que podamos ahorrar un 10% de nuestros ingresos, sin mayor fundamento al respecto. De hecho, para que podamos construir una mayor libertad financiera y este objetivo sea motivante, es necesario aumentar nuestra capacidad de ahorro. Pero no nos adelantemos, el primer objetivo es construir el hábito.

Volviendo a la analogía con el gimnasio, bien sabemos que es recomendable hacer ejercicio 3 veces por semana. Pero es muy difícil de lograrlo de la noche a la mañana, cuando ni siquiera hemos sido capaces de hacerlo una vez a la semana. En ese sentido, muchas personas "se obligan" a ir al gimnasio, pagando la anualidad, para sentir "el dolor" y tener que aprovechar esa inscripción, asistiendo al gimnasio. Esto tampoco funciona, y lo digo por experiencia propia.

Lo que nos enseñan los estudiosos de los hábitos, es que no debemos forzarnos a cumplir una gran meta, sino todo lo contrario, debemos hacer que nuestro objetivo sea obvio, atractivo, sencillo y satisfactorio, según James Clear, en su libro "Hábitos Atómicos".

Comienza ahorrando un 1%

Te propongo una idea muy simple. Comienza ahorrando el 1% de tus ingresos y cada mes que avanza, aumenta ese ahorro en un 1% más. Para que se comprenda de una manera más simple, si ganas US$ 1.000 mensuales, comienza en enero ahorrando el 1%, es decir, US$ 10. Luego, en febrero, adiciona un 1% más, es decir, ahorra US$ 20, en marzo el 3% y así sucesivamente hasta llegar al mes de diciembre con un ahorro del 12% o US$ 120 ¿Simple, no?

Sin embargo, como cualquier hábito, lo más difícil es comenzar. Por lo tanto, deja de leer este libro, ingresa a internet y busca cómo abrir una cuenta de ahorro o de inversión en tu propio banco o en cualquier institución financiera. Encuentra la manera más simple de hacerlo y con el menor monto posible.

¡Hazlo ahora!

Save more tomorrow

Capturando la lógica del comportamiento, en donde precisamente la racionalidad escasea y muchas teorías que asumían al ser humano como alguien racional, que decide siempre bajo la lógica de la optimización y eficiencia, poco a poco han dado su merecido lugar a las Finanzas Conductuales.

En una de las charlas Ted más fascinantes relacionadas a temas de dinero, el profesor de la Universidad UCLA Anderson School of Management, Shlomo Benartzi, especialista en el área de finanzas del comportamiento, creó junto al Premio Nobel de Economía Richard Thaler, el programa "Save more tomorrow", que busca conseguir que los trabajadores en EE.UU. puedan ahorrar más para sus planes de pensiones 401K.

En la charla se abordan varios ejemplos de cómo las personas toman malas decisiones relacionadas con el dinero, como adquirir una propiedad para vivir por el mayor precio posible, asumir elevados riesgos al invertir en Bolsa, asegurar más sus teléfonos inteligentes que sus vidas, o gastar enormes sumas de dinero en juegos de la lotería.

A través del estudio del comportamiento financiero, se llega a la conclusión de que existen 3 errores determinantes que explican por qué la gente no ahorra:
La falta de autocontrol,
1. El impacto de la inercia en las decisiones y,
2. La aversión a la pérdida

Las personas son muy racionales pensando en el futuro, pero poco consistentes en el ahora. Por esta razón pueden pensar en consumir bananas en vez de chocolates en un futuro break de una conferencia. Sin embargo, a la hora de concretarse el café en el break, consumen más chocolates. Por esta razón preferimos el consumo presente versus el consumo futuro.

En tanto, cuando se trata de donaciones de órganos, el solo hecho de marcar un casillero puede hacer completamente la diferencia, como que, en Alemania, al tener que marcar una casilla para registrarse como donante, solamente un 12% lo hace, mientras que en Austria el 99% de la población es donante de órganos. En este caso, la acción de marcar un casillero es para decidir no donar.

Por esta inercia en las decisiones, donde es más sencillo no hacer algo, en vez de hacerlo, nos cuesta tanto tomar decisiones de ahorro, especialmente cuando se trata de llenar formularios y procesos complejos para comenzar a hacerlo. A este comportamiento se le atribuye el impacto de la inercia, la que debemos entender como la incapacidad que tienen los cuerpos de modificar por sí mismos el estado de reposo o movimiento en que se encuentran.

Finalmente, en un estudio realizado con monos, se pudo concluir que cuando nos quitan algo, nos enfurecemos. Algo similar sucede, en este caso con humanos, con el concepto del ahorro obligatorio. Si nos quitan dinero sobre el que éramos libres de decidir, aunque sea para destinarlo a un consumo futuro, obviamente que nos disgustamos. Entonces, ¿cómo empezar a ahorrar un 10% de nuestros ingresos en forma periódica y constante?

Teniendo en cuenta todos estos comportamientos humanos, pero aterrizándolos en el ahorro, se llega a la conclusión de que se puede comenzar un plan de ahorro, pero no hoy, sino que mañana.

Esto quiere decir que, una persona decide comenzar a ahorrar un 3% de su sueldo, el que se descontará de su planilla, pero el próximo año. Además, con los incrementos salariales, una parte de ese aumento será destinado a ahorro. De esta forma, en un plan piloto que iniciaron los economistas dentro de una empresa pequeña de EE.UU., lograron que los empleados pudieran aumentar el ahorro de un 3,5% a un 13,6% en 4 años. ¡Prácticamente lo cuadruplicaron!

Si solo te dedicas a gastar, además de ser esclavo de tu empleo, luego pasas a ser esclavo de tu banco. Por esto, no es muy difícil imaginarse por qué existe tanta gente insatisfecha con sus vidas.

Probablemente trabajan en el empleo que los aceptaron, no el que les gusta y disfrutan. Luego, tienen un jefe al cual rendirle cuentas y, finalmente, no les queda más remedio que aceptar esa realidad, todo para poder vivir y pagar las deudas al banco. Yo le llamo a esto la nueva esclavitud, una propia del Siglo XXI, precisamente en una época en la que podríamos ser mucho más libres, y eso es precisamente lo que nos frustra.

Aprovecha los aumentos de sueldo

¡Qué gran noticia! Me promovieron en el trabajo o aumentaron el sueldo ¡Vamos a celebrar a un gran restaurante! y ¿por qué no nos regalamos ese viaje que tanto postergamos? ¡Cambiemos el automóvil familiar por uno último modelo!

En resumen, la alegría fue tanta que, antes de recibir el incremento salarial, ya lo gastamos por completo.

Déjenme decirles algo categórico, pero completamente cierto. Muchas personas tienen la estúpida esperanza de que cuando ganen más, todo será mejor. Sin embargo, lo que realmente ocurre es que el nivel de vida crece al mismo ritmo que aumentan los ingresos. Así, siempre necesitarás casi tanto como ganes.

En consecuencia, ¿cómo podríamos aprovechar realmente un aumento de sueldo?

Si, por ejemplo, nuestro sueldo aumenta un 5% de US$1.000, es decir, US$50, aumenta tu nivel de gastos por la mitad de ese incremento, es decir, en US$25, mientras que los otros US$25 los puedes destinar a ahorro. De esta manera, con el paso del tiempo y en realidad, en pocos años, puedes ir aumentando tu capacidad de ahorro muy por sobre el 10% de tus ingresos.

Minimalismo Financiero

La libertad financiera se consigue cuando nuestros ingresos pasivos logran cubrir nuestros gastos habituales, por ende, a medida que nuestros gastos son más altos, es mucho más difícil ser libres financieramente.

La carrera laboral de una persona es bastante predecible. El gran objetivo es estudiar para poder obtener una profesión, idealmente en una universidad, mejor aún si es de prestigio, trabajar en una gran compañía, construir una familia, comprar bienes, educar a nuestros hijos y finalmente jubilarnos.

Este proceso es claramente ascendente en gastos, más aún en una sociedad de consumo y competitiva, en que naturalmente tratamos de vivir mejor y darle un mayor bienestar a nuestra familia y, especialmente, a nuestros hijos. Hasta ahí, está perfecto, pero debemos ser conscientes de nuestros límites y ser responsables a lo largo del camino.

En este contexto, donde existen muchos gastos que no sirven de nada, aparece un gran y nuevo concepto, el minimalismo financiero.

Nuestras necesidades básicas de vivienda, alimentación y vestuario, para una familia promedio, están cubiertas y con el paso del tiempo, se han hecho mucho más accesibles. Por ello, el consumo ha variado más bien hacia los servicios y a la búsqueda de experiencias. Viajes, salidas a comer, cuidado personal, gimnasios, mayores gastos en educación, entre otros, son áreas de nuestro presupuesto que han ido en aumento en los últimos años. No obstante, la paradoja actual es que cada vez comemos más, para rápidamente eliminar esas calorías en el gimnasio. Otra paradoja es que nos llenamos de ropa, que luego no utilizamos.

Por lo tanto, debemos cultivar el minimalismo financiero, no restando experiencias, como tampoco dejar de comer, pero hacerlo de manera inteligente. A la hora de analizar nuestros gastos, vuelve a ser relevante el presupuesto familiar para identificar cuáles son los gastos innecesarios que podríamos eliminar.

Las trampas del dinero

Al seguir investigando y analizando el comportamiento humano relacionado al uso del dinero y el manejo de nuestras finanzas, aparecen diferentes sesgos cognitivos que nos impiden tomar decisiones óptimas.

Aunque se creía que éramos racionales y siempre buscábamos las decisiones que nos permitieran obtener el mayor beneficio, en la práctica esto no ocurre, y la razón es porque existen trampas que nos ponen las empresas y las instituciones financieras, pensadas detalladamente para nublarnos la mente y hacernos difícil la tarea de tomar una buena decisión.

Esto en sí mismo no es malo, solo debemos ser plenamente conscientes de que así funcionan las cosas, además de conocer nuestras limitaciones y tratar de no caer en estas trampas.

• Costo de oportunidad para evaluar los gastos

Antes de sacar dinero de nuestros bolsillos, deberíamos considerar las opciones a las que renunciamos al optar por gastar en una cosa, o en otra. En la práctica, lo único que tenemos en mente cuando gastamos dinero es aquello que deseamos comprar.

Por ejemplo, es fácil caer en la trampa de que algo vale 100, y que, tras ser puesto en promoción, finalmente cuesta 50. En este caso, nos estamos ahorrando 50, pero no lo comparamos con la posibilidad de que el costo sea 0 si decidimos no gastar, razón por la cual, muchas veces compramos cosas que después no utilizamos, solo por el hecho de que estaba "barato". ¿Cuántas prendas de vestir están colgadas sin usar en el "closet", que fueron adquiridas solo porque estaban baratas?

Otro error que cometemos es cuando vamos a una tienda a comprar unas zapatillas que cuestan 100, pero en otra tienda cuestan 80. Podemos caminar varios minutos para ahorrarnos 20. Sin embargo, cuando vamos a comprar un televisor por 1000 y en otro lugar está a 980, probablemente no nos damos el trabajo de caminar para ahorrarnos esos mismos 20.

Resulta que, en el primer caso, el ahorro era de un 20%, mientras que en el segundo caso era de 2%, pero en términos absolutos, en ambos casos son 20. Por lo tanto, valoramos mucho más la primera oferta, en vez de la segunda, a pesar de que el ahorro sea exactamente el mismo.

• Contabilidad mental que nos permite salirnos del presupuesto

Nuestras abuelitas, cuando no existía internet, la única manera que tenían de ordenarse todos los meses para hacer las compras era a través de sobres y el famoso "chanchito" para el ahorro, esa alcancía que podía ser plástica o de greda, y que tarde o temprano llegaba el momento de romper.

Así, en un sobre se guardaba el dinero para pagar las cuentas de la luz, el agua y el gas. En otro sobre estaba el dinero para el supermercado, en otro para para la feria y probablemente uno más para la carnicería. Finalmente, había otro sobre con el dinero para los gastos varios, además de ahorrar un poco en el "chanchito".

A este mecanismo de organización lo llamamos "contabilidad mental", que es un error desde el punto de vista perfectamente racional, ya que el dinero es solo dinero, algo totalmente intercambiable de acuerdo con las capacidades de los humanos. Los cálculos que podemos hacer son simples y no requieren de este trabajo de inicio de mes al ordenar el dinero en sobres.

Sin embargo, bien sabemos que las personas necesitamos de cierta estructura y orden mental. A muchos les facilita la vida y, particularmente su relación con el dinero, el diseñar una estructura de sobres con sus cuentas. Ahí radica el uso y abuso de muchos productos bancarios, cuentas de ahorro o incluso de inversión, destinadas para diferentes fines.

Al tener en nuestras cabezas una cuenta denominada "gastos varios" con la que podamos pagar el café de la mañana, las comidas en restaurantes o los tragos con los amigos, los cálculos mentales pueden ser más simples al enmarcar ese tipo de gastos en un número que podemos fácilmente considerar mes a mes.

No obstante, lo que puede ser una ayuda en algunos casos, también puede fácilmente convertirse en un problema. Si categorizamos absolutamente todos nuestros gastos y creamos cuentas muy complejas como, por ejemplo, dividir la categoría transporte en muchas opciones, como podría ser gastos en combustible, taxi, metro, Uber, entre otros, podríamos llegar a complicarnos mucho más de la cuenta. Si para lograr el deseado orden es necesario dedicarle mucho tiempo, puede que termines por no elaborar ningún presupuesto.

Otro problema de la mala utilización de la contabilidad mental es el uso y abuso de cuentas corrientes, tarjetas de crédito y tarjetas de débito. En un inicio, puede parecer una buena idea el disponer de diferentes cuentas bancarias para separar su uso, pero luego, cuando nos inundan de promociones muy atractivas para impulsar nuestro consumo, podemos rápidamente perder el control y gastar más de lo que teníamos presupuestado.

Cuando logramos cierto nivel de orden con nuestras cuentas, corremos el riesgo de "hacernos trampas en el solitario[4]" para obtener cierta flexibilidad en nuestros gastos, si es que lo hacemos a partir del mal uso de la contabilidad mental. Al igual que hacemos

---

4 La expresión "hacerse trampa en el solitario" se refiere a la práctica de autoengañarnos para alcanzar el logro de un objetivo. El logro que surge de engañarse a sí mismo es ilusorio, y aunque podamos presumirlo a los demás, siempre sabremos que no tiene ningún mérito.

trampas en una dieta, cuando nos portamos bien al comer una ensalada y después nos tomamos un helado gigante, con nuestros gastos sucede exactamente lo mismo.

Muchas veces, cuando se trata de gastos, buscamos la manera de justificarlos. Pasa a menudo con gastos que, a través de su uso, pueden tener mucha utilidad a través del tiempo. A lo largo de la vida útil de una buena camisa, una cartera o incluso un smartphone ¿cuántos años podría durar ese producto? Probablemente, un par sin problemas, lo que en la contabilidad mental de las personas prorrateen su costo, es decir, pago 100, pero si lo divido en 24 meses, en realidad el costo es mucho menor, alrededor de 4,2 por mes. El problema está en que de todas maneras tendrá que pagar los 100 ahora, o el mes siguiente.

Esta ha sido también una práctica habitual del marketing, en que las empresas ofrecen algunos productos de elevado precio y pagarlos en cuotas o, incluso mostrando el costo equivalente mensual o diario.

Lo paradójico es que, estos cálculos se hacen siempre a favor del "capricho" de darnos un gustito, pero no se hace el mismo cálculo cuando ocurre lo contrario.

Un típico ejemplo ocurre con los automóviles, que en general, son muy costosos en su adquisición, mantención y uso. Si consideramos los diferentes costos en que incurrimos en un vehículo, como su depreciación, combustible, seguros, estacionamiento, patente, mantenciones, el costo diario o mensual de uso es considerablemente más elevado que el uso del transporte público o incluso de usar Uber, o cualquier otra plataforma tecnológica de movilización. Esto es aún más evidente cuando se utiliza poco el automóvil o cuando se trata de un vehículo muy costoso.

Esta contabilidad mental también hace su trabajo cuando se trata del desembolso. El automóvil se adquirió previamente y si ya está pagado, luego el uso de Taxi o Uber es un desembolso corriente, probablemente mucho más elevado que el combustible, pero no se consideran todos los otros costos que ya habían sido desembolsados y la depreciación correspondiente del vehículo.

En conclusión, la contabilidad mental tiene gran impacto en nuestras decisiones financieras, ya que dirige nuestras acciones, de en qué gastar y en qué no hacerlo, en muchas ocasiones influyendo de manera negativa porque no somos tan eficientes a la hora de calcular el valor de las cosas. Esto es especialmente cierto cuando, además, se disocia el momento del pago respecto del momento del uso. Basado en esto, el marketing hace su trabajo y nos impulsa a usar más la tarjeta de crédito o al tener un cierto producto ¡ahora ya! para después pagarlo en cómodas cuotas mensuales.

Lo positivo de comprender estos sesgos cognitivos es que podemos aprovecharlos a nuestro favor. Por ejemplo, donde sí puede funcionar muy bien la contabilidad mental es a la hora de confeccionar un presupuesto mensual, o incluso semanal, que nos permita lograr ese ansiado orden, tal como lo hacían nuestras abuelitas, y así controlar los gastos innecesarios que muchas veces no los vemos, pero nos quitan mucha capacidad de ahorro.

• El dolor de pagar: Uso de tarjetas de crédito y otros casos

Los bancos son muy hábiles en generar enormes ingresos a costa de nosotros, sus clientes. Además, conocen muy bien nuestra psicología y comportamiento, utilizando "trampas" que nos hacen constantemente. ¿No es llamativo que nos bombardeen con promociones increíbles al usar las tarjetas de crédito? Descuentos del 40% o 50% en un exclusivo restaurante o la compra del último smartphone en 24 cuotas sin interés ¿no parece demasiado bueno para ser verdad?

Bien, esto no tiene nada que ver con caridad o "pensar realmente en el cliente". El negocio financiero, al fin y al cabo, es eso, un negocio, y los bancos se las ingenian para extraer la mayor cantidad de ingresos posibles de sus clientes a través de los intereses que nos cobran. Esto en sí mismo no es malo, así funciona. Mi intención es solo abrirte los ojos para que seas más consciente en el uso de los productos bancarios como las tarjetas de crédito.

Según diversas investigaciones, como en la realizada por los académicos Drazen Prelec y George Loewenstein, titulada "El rojo y el negro: contabilidad mental de ahorros y deudas", experimentamos algún tipo de "dolor mental" cuando pagamos por las cosas.

Precisamente lo que hacen las tarjetas de crédito es aliviar el dolor que sentimos al gastar, ya que obtenemos un beneficio psicológico en la compra, pero postergamos el pago hasta cuando el banco nos envía la factura y nos dice el día en que tenemos que pagar.

Conectando "el dolor de gastar" con la contabilidad mental, es fácil descubrir lo hábiles que son los bancos para fomentarnos a gastar. Por un lado, nos inundan de promociones, las que aprovechamos gastando, pero como es tan grande la cantidad de ofertas, nuestra contabilidad mental no es capaz de lograr un orden que frene ese mayor consumo. De esta manera, a los pocos meses de salirnos un poco de control, no somos capaces de pagar la factura y, luego viene la otra "trampa" de los bancos: "Somos tan buenos con usted, que solo vamos a exigirle un pago mínimo de la facturación". De seguro a más de alguno esta frase le será completamente familiar.

En este caso, la "trampa" está en que el saldo restante SIGUE GENERANDO INTERESES, y por lo menos en Chile, se aplica generalmente la tasa de interés máxima permitida por regulación. En consecuencia, los bancos nos seducen con atractivas promociones e incentivan nuestro consumo sin cobro de intereses, sabiendo que posteriormente nos será difícil pagar y nos cobrarán las tasas de interés máximas.

Ahora bien, la clave está en descubrir estas "trampas" y actuar con conocimiento. El momento concreto en que pagamos influye en nuestras decisiones y, más aún, si la sensación de pagar está muy presente. De acuerdo a estas investigaciones, en orden decreciente, estaremos más dispuestos a pagar antes de consumir, menos después de haber consumido, y mucho menos durante el consumo del mismo producto.

Revisemos algunos ejemplos. Los planes vacacionales, en sus diferentes formas, generalmente se pagan por adelantado. Esto tiene una razón de ser, y es por la magnitud del gasto entre el pasaje aéreo, alojamiento y alimentación, que suele tener un costo elevado en su conjunto para la mayoría de los presupuestos. Junto con ello, además tiene la ventaja de que podamos disfrutar más las vacaciones, habiendo hecho el desembolso previamente.

En otros casos, también pagamos por anticipado, como sucede en muchas suscripciones. Este es el caso de Netflix, donde al adquirir un paquete mensual con innumerables series y películas, lo pagamos feliz al tener ese amplio abanico de posibilidades, independiente de que no lo usemos mucho, el valor percibido es considerablemente mayor que el real.

Starbucks también lo descubrió, al vender sus tarjetas recargables, ya que, en el momento de adicionarle el dinero a la tarjeta, nos duele pagar, pero en la próxima compra, como ya hicimos el desembolso previo, nos parece como si fuese una nueva compra casi "gratis". Esto obviamente incentiva el consumo y la frecuencia de las compras.

Ahora, un ejemplo de pago a futuro es el uso de la tarjeta de crédito. Vamos a un restaurante, nos tomamos unos tragos, cenamos, y al pagar con la tarjeta de crédito, automáticamente estamos postergando el pago a la próxima facturación. Esto demuestra que la principal fuerza psicológica de la tarjeta de crédito es que desvincula el momento de consumir respecto al momento de pagar.

Diversos estudios han demostrado de manera clara, que la gente no sólo está dispuesta a pagar cuando lo hace con tarjeta de crédito, sino que también hace compras más grandes, deja propinas más altas, es más probable que subestime o se olvide de cuanto gasta, y toma decisiones monetarias más apresuradas.

Sin duda, es mucho más fácil pagar con tarjeta que ir a un cajero, sacar los billetes, guardarlos en la cartera o billetera, luego contarlos tras haber hecho la elección de una compra y muy probablemente haber esperado en una larga fila, para luego recibir el vuelto, que cada día genera más problemas al manejarse menos efectivo.

Otro ejemplo que se relaciona al pago "sin dolor", es el pago "one click", que está inserto en muchas plataformas de comercio electrónico. Éste básicamente consiste en ingresar los datos de la tarjeta de crédito una sola vez y, cuando se vuelve a comprar, se aprieta solo un botón y la compra se realiza automáticamente. Esto facilita que el proceso sea sin fricciones, sin pensar, y obvio, sin dolor.

Otra manera de hacer el pago más fácil, ha sido la incorporación de las tarjetas de crédito del "one touch" en que, con el solo contacto de la tarjeta a través de su chip con el dispositivo de cobro, se realiza el pago. Es decir, en el caso de montos pequeños (y a veces no tanto), no se necesita una clave, como tampoco una firma para efectuar la transacción.

Por lo tanto, debemos interiorizar algunas lecciones.

Primero, pagar con billetes en efectivo, es más doloroso que pagar con tarjeta de crédito. A su vez, el pagar con tarjeta, sigue siendo más doloroso que tener un pago "one click". Finalmente, es muy probable que en el futuro la gran mayoría del comercio online esté utilizando aplicaciones de este tipo, para que no exista ninguna restricción a la hora de hacer una compra impulsiva.

Recomendaciones:
- Todos los pagos y compras estrictamente necesarias, como el pago de servicios básicos, arriendo o dividendos, supermercado, entre otras, pueden automatizarse o pagarse con tarjeta de crédito sin problemas. Al fin y al cabo, son gastos que debemos hacer.
- La compra de productos y servicios con la suficiente deliberación, es decir, alejándonos de compras impulsivas, también

podrían ser adquiridos con tarjeta de crédito. Existen varias sugerencias al respecto, como las espera por 24 horas de algo que decidiste comprar, y si lo sigues necesitando al día siguiente, confirmando que es una compra necesaria, la puedes hacer.

- Sin embargo, cuando haces compras impulsivas o caprichos, como podría ser una cena en un restaurante nuevo, ir al mall a pasar la tarde con una amiga(o), o en los gastos hormiga del día a día, como puede ser el café, golosinas, comida al paso, entre otros, la recomendación es pagar con dinero en efectivo. Es decir, debemos plantearnos un presupuesto para estos fines, sacar el dinero previamente del cajero automático y luego gastar.

- Finalmente, hay una nueva categoría de gastos que ha crecido enormemente: el delivery. Antes llamábamos a la pizzería o restaurante chino más cercano. Hoy en día tenemos un supermercado con opciones de compra de comida y otros productos, nuevamente, a un solo click. Es importante que establezcas un presupuesto para este fin, ya que, además de ser muy cómodo, evitando el tener que cocinar cuando tienes hambre, puede representar un elevado gasto mensual.

¿Cuánto valen los productos que compramos? Cuidado con las ofertas

Una de las estrategias de marketing más usadas para aumentar los precios y poder lograr mayores ventas o mejores márgenes es el "Efecto Anclaje", algo muy difícil de evadir.

Es habitual que cuando pasamos por fuera de una tienda, lo primero que vemos son los productos más caros y exclusivos. Al observar un precio elevado, pueden pasar dos cosas: no entramos porque nos ahuyenta el precio o, al entrar, podemos descubrir productos mucho más accesibles solo por el hecho de tener precios inferiores a los de la vitrina.

Esto también ocurre con las cartas en los restaurantes. La estrategia no es vender los platos más caros, sino que el objetivo es que existan esos platos caros, para que los precios medios, sean los que tenga mejor venta.

En ambos casos se utilizó el Efecto Anclaje para situarnos mentalmente en un contexto de precios más elevados, para luego estar más dispuestos a pagar por otros productos más "accesibles". Quien ha tenido la oportunidad de participar de una venta de tiempos compartidos en lujosos hoteles en El Caribe, conoce esta técnica.

Se hacen reuniones de un par de horas en que se recorren las instalaciones, se visitan las habitaciones más grandes y lujosas, se destacan todos los beneficios de tener una semana al año en este paraíso, todo pagando solo una fracción del precio habitual. Cuando comienza la negociación, el vendedor lanza un precio exagerado por el paquete, con todos los beneficios relacionados. Generalmente, es un precio poco accesible, donde el huésped, aunque maravillado, dice que no puede pagarlo. En ese momento se avanza al siguiente paso: ¡llega el supervisor con la capacidad de bajar el precio!

Es en ese momento cuando aparece el valor real de la transacción, ya que anteriormente solo se había inflado el precio, para que cuando se rebajara, el huésped estuviera mucho más dispuesto a comprar.

Sobrevaloramos lo que tenemos: el valor de la casa propia, primeros meses gratis

Cuando hemos sido propietarios de una casa o un departamento, que fue la primera compra inmobiliaria que hicimos, o en la que vivimos por mucho tiempo, además de la importancia que pudo tener desde el punto de vista financiero, se acumulan recuerdos. Probablemente significó hacer sacrificios y, además, ese lugar suele ser más bonito que otros similares, esto por los arreglos y el cariño que le pudimos haber puesto.

La propiedad de algo, independientemente de cómo la obtuvimos, nos hace sobrevalorarlo, lo que recibe el nombre de "Efecto Dotación". Esto se produce especialmente cuando se trata de cosas materiales, ya que la gente valora más las cosas solo por el hecho de ser suyas.

En el caso de una propiedad, cuando la queremos vender, suele ser más difícil de llegar a algún acuerdo con un comprador, ya que ésta suele tener un valor mucho más elevado para nosotros, principalmente por la valoración sentimental. Al contrario, para el comprador que tenemos al frente, nuestra propiedad solo significa una opción más dentro de sus posibilidades de compra.

Desde el punto de vista de las finanzas personales, lo más dañino ocurre en los gastos pequeños que realizamos, especialmente cuando se trata de suscripciones como seguros, compra de vinos, suscripción al periódico y, en el último tiempo, la compra de alguna aplicación tecnológica.

Todos conocemos el truco: contrata el súper pack internet, cable, teléfono y miles de canales (que por supuesto, no vemos) por un precio especial rebajado de \$XXX. Sabemos que en el futuro subirá el precio, pero solo el hecho de darnos la posibilidad de eliminar la suscripción, nos tranquiliza. Pero, las empresas saben que cuando ya ingresamos el pago, posteriormente es muy difícil eliminarlo, ya sea por pereza, o por el efecto dotación que nos otorga la sensación de propiedad.

El Efecto Dotación está fuertemente relacionado con la aversión a las pérdidas. Un estudio de los psicólogos Daniel Kahneman y Amos Tversky sostiene que valoramos de manera diferente las ganancias y las pérdidas. Esto se ha relacionado en gran medida al mundo de la inversión, sintiéndonos menos felices cuando ganamos dinero, respecto a las ocasiones en que perdemos dinero o dejamos de ganar cuando previamente podríamos haber materializado una gran ganancia.

Desde otro punto de vista también ocurre que tomamos rápidamente las ganancias (ya que no queremos perderlas), y nos aferramos a las inversiones que bajan de valor, esto porque nos resistimos a materializar las pérdidas.

Finalmente, el Efecto Dotación tiene un gran impacto a la hora de pagar por servicios como Netflix o Spotify, con precios muy bajos en un inicio, hasta que nos hacemos adictos a estas plataformas y cuando nos suben el precio, ni siquiera nos cuestionamos en dejarlas, sino que asumimos el mayor valor, porque ya lo poseemos.

En consecuencia, seamos cuidadosos a la hora de ingresar la tarjeta de crédito para pagar por un producto que vale solo US$ 1, ya que en el futuro nos costará eliminarlo y seguramente se convertirá en un gasto habitual muy superior.

Cuidado con el auge de las experiencias sobrevaloradas

Quien ha podido disfrutar de una degustación de vinos puede conocer de cerca la importancia del lenguaje y los rituales. Aprender sobre la elaboración del vino, descubrir colores, aromas y sabores, es una experiencia única que va más allá de tomar una copa junto a la cena.

De la misma manera, visitar un restaurante lujoso en donde cada detalle está cuidadosamente pensado y se hace sentir al cliente como una estrella de cine, es sin duda una experiencia única. De hecho, ambas experiencias me encantan y las disfruto enormemente.

Pero, ¿qué valor puede tener una degustación de vino o una cena en un restaurante lujoso? Es algo difícil de determinar, porque es muy probable que esa experiencia quede como una huella imborrable en nuestras memorias. Por la misma razón, se ha dado un importante auge a las experiencias, porque precisamente se puede cobrar mucho más que si no existieran todos los detalles que las hacen únicas.

El producto físico es muy probable que no presente grandes cambios (vino y comida), pero nuestra experiencia sí lo hace, igual que nuestra predisposición a pagar por ella. Probablemente en el mundo del vino es donde se utiliza de mejor manera el lenguaje con palabras como "la potencia de los taninos", "retrogusto", "notas amaderadas" o "complejidad en boca".

Es más, en un estudio realizado para consumir chocolate y zanahorias, se diseñaron para cada una dos maneras de comerlas, una tradicional o normal, y otra a través de un ritual.

Los que comían el chocolate lo hacían directamente, o desenvolviéndolo y rompiéndolo de una forma muy concreta antes de comerlo. De manera muy similar, otros dos grupos recibieron zanahorias que tenían que comer normalmente, o realizando antes un ritual consistente en golpear la mesa con los nudillos, respirar hondo y cerrar los ojos.

Como ya pueden anticipar, el estudio llegó a la conclusión que, al realizar los rituales, los sujetos disfrutaban mucho más la experiencia de comer y a su vez, cuando midieron la "disposición a pagar", también se pudo constatar que los que habían realizado el ritual estaban dispuestos a pagar más, ya que pensaban que lo que estaban comiendo era algo más "exclusivo".

Al ser conscientes de esto, podemos concluir que las experiencias serán muy importantes a la hora de consumir, esto porque tendrán un significado para nosotros muy superior. No es lo mismo regalarles a nuestros padres una prenda de vestir que una entrada al cine, al estadio o una cena en el restaurante favorito.

Sin embargo, también debemos tratar de ser cuidadosos y objetivos para no comprar o pagar en exceso. En los tiempos que corren, en donde las empresas fomentan las experiencias para vender más o cobrar más caro, debemos tratar de ser menos impulsivos, respirar hondo, esperar unos minutos, u horas, antes de tomar la decisión de compra.

• **Autocontrol: ¿por qué nos cuesta ahorrar?**

La respuesta es simple: porque somos humanos. Lamentablemente, en las discusiones de economistas y expertos financieros, siempre nos contamos diferentes historias de cómo podríamos lograr ciertos objetivos ahorrando una cierta cantidad de dinero mensual, invirtiendo a largo plazo en el S&P 500 y siendo libres financieramente a los 65 años. Pero, ¿a cuántas personas le interesa este plan? A muy pocas, o lo que es más cierto aún, pocas tienen la fuerza de voluntad necesaria y las emociones de un robot que les permita ser fiel a este plan.

La teoría económica tradicional (y anticuada por lo demás) asume que los consumidores tratan de maximizar el valor actual de sus decisiones. Fue el Premio Nobel de Economía Paul Samuelson, quien en 1937 propuso la "Teoría de la Utilidad Descontada", que, al hacer la relación con la planificación financiera, asume que las personas sabrán "descontar" o establecer un monto de ahorro mensual para llegar a un cierto objetivo de ahorro a largo plazo que les permita poder obtener un cierto monto de pensión cuando llegue el momento de jubilarse.

Sin embargo, en materia de decisiones, todo el tiempo estamos enfrentándonos a las tentaciones del presente, como la procrastinación, comer en exceso, pasar horas conectados a las redes sociales o gastar más de la cuenta, entre otras. Entonces, todos sabemos que es bueno y necesario ahorrar para tener un mejor futuro financiero, pero las tentaciones del presente son mucho más poderosas que la fuerza de voluntad para el futuro.

O acaso, ¿quién quiere pensar en cuando sea viejo y necesitado, si se puede ser joven y necesitado ahora mismo?

"La Teoría de la Utilidad Descontada" asume que todas las personas deberíamos saber a qué edad dejaremos de trabajar, cuáles serán nuestros ingresos hasta ese momento, cuánto tiempo viviremos luego de que nos jubilemos, cuáles serán nuestros gastos cuando estemos jubilados y lo más importante, tener claridad y una proyección bastante certera del comportamiento de nuestras inversiones y en cuánto tiempo se multiplicará nuestro dinero ahorrado hasta ese minuto. Dadas todas estas preguntas, queda claro por qué muchos modelos económicos son tan malos, y es simplemente porque no consideran que las personas que tomamos decisiones, somos humanos de carne y hueso.

Como es muy difícil planificar el futuro, saber cuánto es lo adecuado gastar en el presente y ahorrar de nuestros ingresos para obtener tranquilidad en nuestra vejez, se convierte en una determinante la ayuda de expertos en esta materia.

En Chile y Latinoamérica, podríamos decir que casi no existen expertos con la capacidad de brindar asesoría en estos ámbitos, con la excepción de Patrimore. Ya el hecho de tener un asesor personalizado con el cual conversar sobre estos temas, sumado a algunos estratégicos "empujones" para facilitarnos el camino y conseguir nuestros objetivos, resulta ser un apoyo clave a la hora de planificar nuestro futuro financiero.

Consejos básicos de ahorro

Para lograr consumir menos y ahorrar más, es imprescindible construir nuestro presupuesto mensual.

Cuando tenemos algunos kilos demás, es habitual que no queramos subirnos a la pesa o mirarnos al espejo, porque sabemos que lo evidente no será agradable. En las finanzas personales ocurre lo mismo. Al construir un presupuesto y evidenciar cuánto ha sido lo que hemos gastado en alimentación, vestuario o salidas a comer, es probable que no nos guste la suma final, pero la única manera de mejorar y optimizar ciertas partidas de nuestro presupuesto es teniendo claridad de cuáles fueron nuestros gastos en los últimos meses.

Hoy en día el uso (y abuso) de las tarjetas de débito y crédito nos permite tener registro de todas las transacciones realizadas a través del portal del banco. En algunos casos, incluso existen aplicaciones o secciones en las que se pueden ver los gastos categorizados por rubro.

Sabiendo esto, lo recomendable es que podamos construir nuestra categorización en grandes ítems, como alimentación o supermercado, para luego especificar categorías más detalladas como compra de alcohol o alimento para mascotas.

Teniendo claridad de los gastos de cada ítem durante los últimos 6 o 12 meses, podremos evaluar si es posible realizar reducciones. En este aspecto, muchas veces se hace complejo saber si lo estamos haciendo bien o mal, ya que no existen manuales de cuánto deberíamos gastar en cada categoría. Es un hecho que existe una delgada línea entre el ahorro y la austeridad, versus sacrificar calidad de vida.

Sin duda que se puede ahorrar comiendo pan y agua todos los días, pero esto sería una exageración que debemos saber equilibrar. Está bien, salir a comer a un restaurante sin duda es un lujo y algo que todos deseamos, pero la clave está en ser consciente respecto a nuestros ingresos, además del nivel adecuado de gastos en este ítem.

Ahorros en alimentación

Compra en supermercados mayoristas

Especialmente cuando se trata de familias numerosas (de 4 integrantes en adelante), es muy útil identificar los supermercados que hacen descuentos por compras al por mayor, algo que no necesariamente significa una compra en grandes cantidades. Estos supermercados generalmente no realizan grandes inversiones en su imagen y quedan alejados de los centros de la ciudad, razón por la que pueden abaratar costos y bajar sus precios.

Comprar los típicos alimentos no perecibles más consumidos, como arroz, pasta, atún enlatado o aceite para tres meses, puede significar un gran ahorro. Luego, las compras más específicas o de alimentos perecibles, se deberán realizar en los supermercados más cercanos, aunque puedan tener precios superiores.

Confección de lista de compras

Ya sea yendo al supermercado o al centro comercial, la compra de un producto debería realizarse con un objetivo claro, el que se puede materializar a través de listas previamente confeccionadas.

¡A quien no le ha pasado que va a comprar al supermercado papel higiénico, pan y huevos, y termina comprando carne y cervezas para un asado! Muchas veces nos sorprendemos de lo que gastamos en las compras y esto se debe en gran medida, a los típicos antojos que nos sacan del presupuesto.

Las listas de compras tienen estrecha relación con el presupuesto. Si por nuestra experiencia y necesidades, tenemos un cierto presupuesto mensual que cumplir en las compras del supermercado, las listas deberían ser nuestro mejor aliado para lograrlo. Además, nos ahorran tiempo, ya que podemos ir directamente a los pasillos donde están los productos que compraremos.

Comer antes de ir de compras

Una pésima idea es ir al supermercado con hambre. La caminata por pasillos llenos de comida, con muchas tentaciones a la vista, es una mala estrategia para nuestro bolsillo. Por algo se ubican diferentes marcas, con vistosos stands a realizar preparaciones entre los pasillos y regalar uno que otro producto comestible.

De esta manera, el aroma a comida que invade nuestro recorrido hace irresistible "probar" ese producto nuevo que están promocionando.

Para evitar testa tentación, idealmente haz las compras de mercadería después del desayuno o después del almuerzo, de lo contrario, no cuesta nada comer un sándwich o tu snack favorito para evitar ir con hambre, algo que te podría costar muy caro.

Ahorros en transporte

¿Has considerado cuál es el costo mensual de tener un automóvil?

Realizar este cálculo es un ejercicio extraordinario sobre la importancia de los costos de oportunidad. Una vez, conversando con un cliente, éste me desafió a evaluar cuándo podría ser conveniente comprarse un vehículo versus seguir ocupando Uber.

Fue un cálculo rápido y simple, en el que lo primero a considerar, además de una depreciación conservadora del vehículo, fueron principalmente los gastos en estacionamiento, seguros, combustible, peajes, mantenciones anuales y permiso de circulación, entre otros gastos menores.

El resultado fue categórico, seguir ocupando Uber, incluso al utilizar los automóviles de mayor capacidad y lujo con Uber, resultaba ser más conveniente. Sin embargo, lo que no contempla este cálculo estrictamente financiero es la rapidez en el uso, la comodidad, independencia y el uso del automóvil para "escapadas" de fin de semana o viajes más largos, aunque incluso en estos últimos casos, se podría arrendar un vehículo y de todas formas sería más económico.

El tener un automóvil sin duda hoy en día es una necesidad, más aún cuando se tiene familia y niños pequeños, el tema está en lo costoso que puede ser, el tener el último modelo o privilegiar estilo y apariencia, versus una alternativa más económica que cumpla el mismo rol de transportarnos de un lugar a otro.

De todas formas, todo este análisis se basa, y tiene sentido, en el supuesto que una persona vive en una ciudad, relativamente cerca de su trabajo y con buen acceso a locomoción colectiva o abundancia de taxis y plataformas como Uber.

Ahorro en lujos

Salidas a restaurantes, vacaciones o escapadas de fin de semana y cuidado personal, son ítems que perfectamente se pueden reducir u optimizar.

No se trata de no disfrutar la vida, si no que la clave está en hacerlo de manera más inteligente y eficiente.

Cuántas veces nos ha pasado que encontramos un vuelo en oferta, extremadamente barato como para tomarnos unos días, y nos vemos tentados de considerarlo. Cuando surgen estas oportunidades, lo que muchas veces no contemplamos son los gastos adicionales, como el hotel y los gastos propios de la estadía, lo incrementa en a lo menos 3 a 5 veces "la oferta" del pasaje comprado inicialmente.

En mi caso, una de las prácticas que me han funcionado, especialmente para un chileno que vive al fin del mundo, es que desde hace un tiempo eliminé las vacaciones de una semana y las aumenté a dos o tres semanas continuas.

Quedarse en un destino por un mayor tiempo, alojando a través de Airbnb, suele generar un descuento importante en alojamiento. Además, aprovechar un destino y sus cercanías, es también un ahorro en pasajes y tiempo muy recomendable. Finalmente, de esta manera se reduce el elevado costo de los pasajes y con el tiempo, lo tedioso de largos viajes y aburridas conexiones de vuelos.

Ahorro en productos financieros

Costos de mantención

El tener diversas cuentas corrientes, en varios bancos, con muchos productos asociados, multiplica ciertos cobros de mantención, seguros de desgravamen y gastos fijos que pueden llegar a ser cuantiosos. Esto es especialmente evidente cuando los bancos fomentan al uso de la tarjeta de crédito a través de atractivas promociones, ofertas y descuentos.

En muchas ocasiones, abrir un plan de cuenta corriente puede no tener costos, pero al estar asociados a líneas y tarjetas de crédito, los bancos impulsan su uso para que se activen los cobros que señalé anteriormente.

Aclaremos algo, no es malo tener más de una cuenta corriente, especialmente si estamos en proceso de adquirir deuda, lo que nos puede mejorar las condiciones al comparar y hacer competir a las diferentes instituciones, sin embargo, el uso de los productos debe ser inteligente.

Fomentar la visita a un restaurante de moda con un 40% de descuento o aplicar el uso de la tarjeta para el ahorro en combustible, son ganchos comerciales que te llevan a usar el plástico. Cuando esto ocurre, se activan muchas veces los cobros de mantención, comisiones y seguros, por lo tanto, automáticamente se incrementan nuestros costos mensuales. Por ello, respecto a las tarjetas, comenzar a usarlas es fácil, pero escapar a estas tentaciones, difícil.

Uso de línea y tarjeta de crédito

El negocio de los Bancos es que uses de manera recurrente el "dinero plástico", para que de esa forma puedas aplazar el pago, lo que automáticamente aumenta el consumo. Con el abuso de las tarjetas, tendemos a perder el control de los gastos y, lo que en un inicio es fácil de administrar, luego se convierte en un desorden que suele llevarnos a no poder pagar con normalidad la tarjeta de crédito.

En ese momento es que inicia el negocio del Banco, en que nos suele "ayudar" cobrándonos solo un "pago mínimo" de lo facturado. De ahí en adelante, por el saldo restante que no pagamos, pasamos a pagar unos intereses elevadísimos.

Seguros contratados

Es habitual adquirir seguros tras una llamada telefónica, generalmente a un bajo costo y, además, con "grandes beneficios". Pocas veces conocemos bien las pólizas y coberturas de muchos seguros, por ende, en varias ocasiones se pueden repetir coberturas o simplemente ser irrelevantes para lo que necesitamos.

Muchos de los clientes que he asesorado tienen la misma inquietud: "Tengo todos estos seguros y no sé si están bien o mal".

Generalmente nos encontramos con seguros costosos, sobre aseguramiento en caso de muerte, o seguros de bajo precio, pero que sus coberturas son insignificantes. El análisis en esta materia es tedioso, requiere mucho tiempo y conocimiento especializado. Sin embargo, el ahorro puede ser significativo a la hora de analizarlos como un todo.

Seguro automotriz

Uno de los seguros más utilizados es el que cubre accidentes en automóvil. Hay seguros con diferentes deducibles, que consisten en realizar un pago "base" a la hora de activar el uso del seguro. A medida que aumenta el deducible, disminuye el pago de la prima mensual del seguro, por lo tanto, se logra un ahorro importante en este ítem.

Antes, cuando los vehículos eran más resistentes, pero menos seguros, un choque menor o mediano se podía reparar, y en esos casos tenía sentido un deducible menor. Hoy en día, los automóviles son menos resistentes, esto para proteger al conductor y sus acompañantes, lo que, ante cualquier impacto de cierta magnitud, provoca un daño enorme en el vehículo.

En consecuencia, lo que más debe proteger el seguro es el robo o la pérdida total del vehículo y por supuesto, los daños a terceros que también pueden ser cuantiosos. Por lo tanto, un seguro con buenas coberturas, pero bajo deducible, puede representar un ahorro importante en este caso.

Sugerencias de optimización

Es evidente que a lo largo de toda nuestra vida debemos pagar por diversos bienes y servicios, como comprar alimentos, divertirnos y también en algunos casos, realizar grandes adquisiciones, como un vehículo o una casa. Por esto, si bien es inevitable realizar estos tipos de gastos, la idea es poder optimizarlos. Para ello, te presento algunos casos en que es posible lograr ciertos ahorros en estas compras:

Usa efectivo

Hazlo como una forma de control. Para gastos diarios y particularmente para la compra de ciertos lujitos, usa efectivo para que puedas sentir el "dolor" de pagar. A modo de ejemplo, al salir a comer o tomar unos tragos, en esos casos donde la diversión del momento nos puede jugar una mala pasada, intenta llevar efectivo para que te duela al pagar y así controles tu emoción.

Ahora, para los "gastos hormiga", esos que son de bajo precio, pero recurrentes y significativos en la suma, también es una buena opción pagar con efectivo. Algunos ejemplos son el café al paso, golosinas, snacks, agua embotellada o bebidas, entre otros.

Otro ejemplo es el abuso de Uber o de los taxis, generalmente asociado a los atrasos para llegar a un compromiso. Analiza cuanto gastas mensualmente en este ítem y, si es relevante, haz un esfuerzo por planificar mejor tus salidas, para no andar apurado y tener que recurrir a este gasto evitable. Y en ese sentido, también trata de pagar en efectivo, para que te duela.

Evita el delivery

Post pandemia, el uso y abuso del delivery llegó para quedarse. Especialmente en las grandes ciudades, donde es difícil moverse o estacionarse, pudiendo acceder a un sándwich o una pizza a tan solo un click de distancia.

Comer rico y rápido, en la comodidad de nuestros hogares, sin duda es fabuloso, pero a la vez, costoso. La idea no es eliminar este tipo de consumo, pero evaluar, a fin de mes, si está siendo un gasto que podríamos optimizar.

Cocinar en familia, con productos frescos y más económicos, puede convertirse en un gran panorama también y a la vez nos puede ahorrar bastante dinero. Mas aún si nuestro grupo familiar es pequeño, incluso adquiriendo productos de mayor calidad y sabrosos, los cuales, aunque pueden ser más costosos, de todas formas, en la cuenta final nos saldrá más conveniente que abusar del delivery.

Para que sea más sencillo cumplir con este objetivo, un empujón asociado a estos gastos, podría ser que el ahorro nos permita financiar otro gasto parecido, pero más atractivo, como sería el visitar un restaurante que nos guste, o unas próximas vacaciones.

Negocia, negocia, negocia

En muchos casos, para ciertos servicios de pago recurrente, es necesario estar constantemente mirando la competencia y evaluar opciones de ahorro. Recuerda, siempre se puede conseguir un trato mejor.

Hoy en día la competencia es feroz en prácticamente todo. Pero cuando estás comprando algo específico, se pueden lograr mejores precios.

La compra de una vivienda o automóvil usado, al igual que productos tecnológicos de segunda mano, pueden generarnos buenos ahorros, especialmente si logramos una buena negociación.

Hay personas que negocian todo, y otras que simplemente no se atreven a hacerlo. Para perfeccionar este arte, comienza practicando como si fuera un juego. Lo peor que te pueden decir es NO, pero con el paso del tiempo, si logras desarrollar esta habilidad, te puede llegar a significar grandes optimizaciones.

Revisar las suscripciones

En los últimos años se ha sustituido el pago de la televisión por cable, a los nuevos streaming, siendo el más conocido, Netflix. Este es un pago recurrente, en el que cuando ingresamos nuestra tarjeta, luego es difícil retirarla. Además, las empresas saben de esto y, por lo tanto, en muchos casos iniciamos una suscripción a un precio "oferta", o incluso gratis, como una prueba, pero que luego se hace recurrente y, en algunos casos, a un precio superior.

Actualmente ya no existe solo Netflix, sino que surgieron muchos competidores y el tiempo ni siquiera nos alcanza a utilizar todas nuestras suscripciones a estas plataformas, motivo por el que se torna muy importante evaluar de la manera más objetiva posible cuáles son los streaming que realmente utilizamos.

Además, existen muchas suscripciones que podemos revisar, como planes de telefonía, gimnasio, seguros, vinos, aplicaciones en el smartphone, entre otras, que podrían ahorrarnos sumas importantes de dinero.

Como una bata puede arruinar tu vida

La historia de Denis Diderot es muy interesante para comprender como funcionamos los seres humanos en relación con el consumo de bienes.

El "Efecto Diderot" fue un término acuñado por el antropólogo y estudioso de los patrones de consumo Grant McCracken en 1988, y lleva el nombre del filósofo francés Denis Diderot (1713 - 1784), quien describió por primera vez el efecto en un ensayo, en que se sostiene que obtener una posesión con frecuencia crea una espiral de consumo que conduce a realizar compras adicionales.

La historia es fascinante. Denis Diderot era un filósofo francés, conocido por su papel como cofundador y escritor de la *Encyclopédie*, una de las más exhaustivas enciclopedias de su tiempo. Vivió toda su vida en la pobreza, al punto de no tener dinero para pagar la boda de su hija. Pero todo cambió cuando Catalina La Grande, emperatriz de Rusia, se enteró de los problemas financieros de Diderot. Catalina era una amante de los libros y había disfrutado enormemente de la enciclopedia de Diderot, la cual se ofreció a comprar por una fortuna, además de un salario anual por el cuidado y conservación de los libros.

Con su nueva riqueza, Diderot pudo pagar la boda de su hija, pero además se compró una bata de terciopelo escarlata, la que sería el origen de una conducta que sin duda te podría ser familiar.

Como Diderot era pobre, su hermosa nueva bata desentonaba con sus pertenencias, las que comenzaron a parecerle de mal gusto y, obviamente, se sintió insatisfecho de que no estuvieran a la altura de la elegancia y el estilo de su nueva bata. Así que reemplazó su vieja silla de paja, por un sillón tapizado en cuero marroquí y su viejo escritorio fue reemplazado por uno nuevo y caro. Decoró su casa con costosas esculturas y adquirió una mejor mesa para la cocina. En definitiva, su comportamiento consumista se convirtió en un círculo vicioso, una adquisición nueva llevaba inmediatamente a otra.

Pensemos en que somos personas poco sociables y sorpresivamente, nos invitan a una boda. En lo primero que pensamos es en el traje o vestido que usaremos para tal evento. Si logramos solucionar la prenda principal, lo que viene son los zapatos. Luego, se hacen imprescindibles los aretes, una cartera ad hoc, una corbata, cinturón, camisa, reloj, etc. La lista puede ser interminable.

Tal como le pasó a Diderot, esta historia la podemos extrapolar a un sinnúmero de situaciones en nuestra vida cotidiana. Cuando nos inscribimos en el gimnasio, si no somos deportistas habituales, debemos adquirir toda la indumentaria necesaria para hacer deporte. Si nos vamos a vivir a un lugar más amplio, mejor ubicado o más bonito, debemos comprar todo lo necesario para que nuestro hogar se vea de la mejor manera. O encontramos una oferta de pasajes para irnos de viaje, luego viene la compra del alojamiento, traslados, presupuesto para gastar, compra de recuerdos, etc.

Como lidiar con la Era del Consumo

En los últimos años me he cuestionado muchísimo mi comportamiento sobre el consumo. Debo confesar que siempre disfruté ir al mall, vestirme bien, a la moda, ir a un restaurante y "vitrinear", pero con los años, todo esto se ha ido haciendo cada vez menos atractivo. Hoy en día creo que el mall es un lugar que quita demasiada energía y extrae dinero y tiempo, a cambio de poco y nada.

Con los años también he tenido la posibilidad de viajar a Miami, la ciudad del consumismo por excelencia, donde volví a entusiasmarme con la idea de ir a un mall. Sin duda, el entusiasmo va de la mano con la optimización financiera. Ahorrar entre un 20% y 60% del valor a pagar por diferentes productos respecto a Chile, sin duda lo hace mucho más atractivo. Además, son 2 días al año, lo que supone evitar por completo ir a un mall el resto del año, de no mediar algo ultra necesario.

Por otro lado, ser un Nómade digital me ha dado otra perspectiva sobre el consumo, al poner sobre la balanza la posibilidad de vivir experiencias por sobre el adquirir cosas. Para viajar 2 o 3 meses por Europa, o un par de meses por el Sudeste Asiático, es obligatoriamente necesario liberarse de espacio en la maleta y dejar atrás muchas posesiones en casa.

Antes de tomar la decisión de irme a vivir al sur de Chile, en un entrenamiento habitual de trote, un fin de semana cualquiera, de esos donde suele aparecer la inspiración, llegué a casa y le planteé a mi esposa la loca posibilidad de vender todo y comenzar a viajar por el mundo. Me pareció algo de lo más normal, después de varias conversaciones en torno a ese anhelo. Sin embargo, a los pocos minutos de iniciar la conversación, mi esposa, con algo de asombro y tristeza, me hizo ver algo que no había considerado: la importancia de todas nuestras cosas, materiales por supuesto, pero también, de esa necesidad natural de tener un lugar donde llegar, donde descansar, que no fuera la casa de la familia.

¿Cómo llenaríamos ese vacío? Es algo que me sigo cuestionando desde ese día, sobre la pesada mochila con que cargamos a diario, en definitiva, nuestras posesiones materiales.

Producto de esa conversación nació una idea que podría parecer descabellada, pero que es mucho más cuerda que la anterior, la de irnos a vivir al sur del país, específicamente a Pucón (casi 800 km al sur de Santiago).

Era un excelente plan inicial para comenzar a desprendernos de lo material, de alejarnos de la familia, de iniciar un viaje por el mundo, pero a modo de práctica, con la posibilidad de equivocarnos y poder echar pie atrás sin tanto riesgo.

Después de tres años de haber concretado nuestro plan, ha sido una decisión magnífica, y que además tiene mucha relación con estar lejos del mall, más cerca de la naturaleza, o estar lejos de la familia, pero igual más conectados que antes, al realizar pocas reuniones de calidad, gracias al trabajo a distancia. En definitiva, este paso significó lograr una mejor calidad de vida y marcó el punto de partida para tener muchas minijubilaciones y conocer el mundo, de la mano de infinitas experiencias.

Estoy convencido que, para ganar en experiencias, debemos alivianar la carga. De hecho, podemos acercarnos mucho más rápido a la libertad financiera, si necesitamos menos posesiones.

En vez de tener mucha ropa desechable o ropa de grandes marcas para aparentar, es mejor adquirir poca ropa de calidad. En vez de tener la casa más grande, porque no arrendar y tener propiedades de inversión que permitan financiar el lugar donde vivamos. O de tener un vehículo último modelo, con un gran motor, privilegiar el ahorro en combustible.

Este capítulo ha estado dedicado al ahorro, tanto en la posibilidad de obtener más recursos cada mes, para que con el paso del tiempo se puedan multiplicar, pero también desde una perspectiva del consumo responsable y la optimización de gastos. Como en todo, no es lo uno o lo otro, no es blanco o negro, sino que es importante tener ambas perspectivas para poder alcanzar lo antes posible la libertad financiera.

De hecho, podríamos agregar un ingrediente adicional a esta receta. En estos tiempos, una aspiración muy atractiva es obtener ingresos en dólares, o en una moneda fuerte, y vivir en un país que tenga una moneda débil, ya que así podríamos acercarnos aún más rápido a esa ansiada libertad financiera, pero ahondaremos en este concepto más adelante.

CAPÍTULO X
INVERSIÓN FINANCIERA: LA VÍA LENTA

Comienza rápido, pero con calma

En los últimos capítulos de este libro nos enfocaremos en acelerar nuestro plan financiero hacia la búsqueda de tranquilidad, primero, y luego de la Libertad Financiera. Existen diferentes caminos para cumplir este objetivo, algunos más rápidos y otros más lentos. En algunos se requiere asumir más o menos riesgos, y en otros se requieren desarrollar más o menos habilidades.

En este proceso nos encontramos con la alternativa más conocida, que es a través de la inversión en instrumentos financieros. Al conocer historias de éxito, nos encontramos con grandes referentes multimillonarios en esta área, como Warren Buffett, pero, como lo veremos en el presente capítulo, siendo objetivos, es la manera más lenta de alcanzar grandes logros financieros.

La vía intermedia es a través de la inversión inmobiliaria, en que, si bien se adquieren propiedades físicas, respaldadas por "ladrillos", es un tipo de inversión que suele ser vista como menos arriesgada, pero se pasa por alto el hecho de que viene acompañada de deuda, muchas veces elevada, lo que automáticamente la hace más riesgosa.

Sin embargo, en un mercado inmobiliario "caliente", con aumentos de precios sanos y constantes, este tipo de inversión puede implicar un aumento de patrimonio considerablemente más veloz y, por ende, nos podemos acercar más rápido a la Libertad Financiera.

Por último, la vía rápida es la que nos puede acercar aceleradamente a la Libertad Financiera. Pero el hecho de que sea rápida no significa que sea fácil. Por el contrario, es probablemente la alternativa más compleja, la que requiere desarrollar más habilidades, la que implica más riesgos y que requiere mayor compromiso para lograr la libertad financiera.

No obstante, esta vía rápida es sin duda la que nos puede impulsar en un corto tiempo a conseguir nuestros sueños. Como se podrán imaginar, estamos hablando de emprender o crear un sistema que nos permita obtener ingresos pasivos o un evento de capital (venta de la empresa o sistema), por una cuantiosa suma de dinero.

A partir del presente capítulo abordaremos las diferentes vías y consejos prácticos para saber qué implicancias tiene avanzar más rápido o más lento en el logro de una mayor Libertad Financiera.

Mis inicios en el mundo de la inversión

Estudié una carrera relacionada a los negocios porque desde que era niño tuve el interés de buscar oportunidades para emprender y ganar dinero. Ingresando a la carrera de contador auditor, rápidamente me di cuenta que las inversiones era lo mío. En aquel entonces ocurrieron dos hitos que me marcaron.

El primer hito fue al realizar la asignatura de derecho comercial, en donde se hablaba de las estructuras societarias que soportan a las empresas, algo que me parecía fascinante. En tanto, el segundo hito y, creo el más importante, fue suscribirme al principal periódico de negocios de Chile, el Diario Financiero.

Este paso considero que fue clave en mi proceso de aprendizaje porque, en esa época, a fines de los 90', internet estaba comenzando a expandirse y la información en línea era poco común, por ende, la observación de los mercados era con bastante desfase y cobraba mayor relevancia la lectura del diario al día siguiente.

Fue precisamente en ese primer año de universidad que con algunos ahorros abrí una cuenta de inversiones en una Corredora de Bolsa (*Broker*) y comencé a realizar mis primeras inversiones en la Bolsa chilena. Sin duda tenía poco conocimiento, pero mucha hambre para aprender. En ese momento tuve el coraje para lanzarme a la piscina y comenzar a invertir en instrumentos financieros "riesgosos", como las acciones, sin importar las pérdidas que pudieran ocasionar esas inversiones.

Probablemente este sea el primer consejo que les puedo dar y que constantemente repito a mis estudiantes cuando imparto clases sobre inversiones. Comenzar lo antes posible y, como decimos en este rubro, meter los pies al barro, aunque sea con un capital menor. A pesar de las pérdidas que se puedan sufrir, mientras no signifique quebrar, podremos aprender mucho del proceso.

¿Por qué es tan importante lanzarse a la piscina e invertir nuestro dinero?

Porque no existe mejor escuela para descubrir el aspecto central a la hora de tener éxito en las inversiones: comprender la importancia de la psicología del inversionista y aprender a convivir con el miedo y la codicia. Ya hablaremos de esto más adelante.

En este capítulo no espero enseñarles todo sobre inversiones, pero si espero dejar la semilla para que puedan introducirse en este apasionante mundo.

¿Dónde invertir?

El mundo de las inversiones, hasta hace poco tiempo, era un espacio cerrado y exclusivo solo para personas de traje y corbata, falda y taco alto, con oficinas lujosas en el sector oriente de Santiago.

La idea era hablar en difícil, con palabras y conceptos financieros complejos de comprender, muy técnicos y con un abanico de inversiones atractivas solo para los altos patrimonios de las familias adineradas.

Al contrario, para las personas comunes y corrientes, de poco patrimonio, sin gran educación financiera, la única opción de invertir era en depósitos a plazo, fondos mutuos con elevadísimas comisiones y acciones nacionales en donde se aventuraban solo los que tenían la posibilidad de acceder a algún "dato", conviviendo de cerca con la ilegalidad de la información privilegiada.

De hecho, tuve la suerte de introducirme a temprana edad en el mundo paralelo de los derivados financieros en el mercado Forex, y luego poder invertir a través de los contratos por diferencia (CFD's). Esto me abrió un mundo de posibilidades, consiguiendo un salto cualitativo enorme en cuanto a conocimiento y mejor comprensión del riesgo en los mercados financieros.

También me topé a temprana edad con el apalancamiento, con invertir indistintamente en mercados alcistas y bajistas, y con el análisis técnico. Esto también fue muy positivo hacerlo a temprana edad, ya que el poco capital que tenía me permitió poder equivocarme con todos los errores que se deben cometer cuando aún podemos darnos el lujo de "quemar cuentas".

Desde un punto de vista teórico y práctico, lo tradicional es invertir en instrumentos de renta fija y renta variable. En el caso de los derivados financieros, estos se estudian muy por encima en carreras afines a las inversiones, pero más detenidamente en un postgrado. No obstante, como todo en la vida, hasta que no se llevan a la práctica esos conocimientos y se aprende a lidiar con aspectos demasiado importantes de estos instrumentos, no se logra aprender en serio.

Por la misma razón, el haber comenzado a temprana edad a invertir en el mercado Forex y en instrumentos derivados, me permitió estar siempre un paso adelante.

Clases de activos

Cuando hablamos de clases de activos, en inversiones se refiere a las diferentes categorías de activos financieros en los que los inversores pueden colocar su dinero. Cada clase de activo tiene características, riesgos y rendimientos distintos, y su elección depende de los objetivos de inversión, el horizonte temporal y el nivel de tolerancia al riesgo que tiene el inversionista.

A continuación, explicaré en palabras muy simples cada uno de los instrumentos en que habitualmente podemos invertir. Si bien esta información es fácil de encontrar, acá trataré de complementarla y enriquecerla dándoles mi opinión respecto a sus ventajas y desventajas.

Depósitos a Plazo

Son sumas de dinero entregadas a una institución financiera, con el propósito de generar intereses en un período determinado. Este tipo de instrumentos de ahorro son regulados en Chile por un conjunto de normas dictadas por el Banco Central y la Comisión para el Mercado Financiero (CMF). Allí se precisa que el plazo mínimo que se pacte para el pago de intereses y reajustes no puede ser inferior a 7 días para depósitos no reajustables, o a 90 días para depósitos reajustables.

Los depósitos a plazo pueden clasificarse en:

Depósitos a plazo fijo: La institución se obliga a pagar en un día predeterminado, debiéndose devengar los reajustes e intereses sólo hasta esa fecha.

Depósitos a plazo renovable: Contemplan condiciones similares a los depósitos a plazo fijo, pero con la posibilidad de prorrogar automáticamente el depósito por un nuevo período, por la misma cantidad de días, en caso de que el depositante no retire el dinero. Por consiguiente, en el o los períodos siguientes se seguirán devengando, sobre el nuevo capital, los intereses y reajustes correspondientes a cada período.

Depósitos a plazo indefinido: No se pacta al momento de constituirlos una fecha o plazo determinados de vencimiento, sino que la institución depositaria se obliga a la restituirlo en un plazo prefijado, a contar de la vista o aviso de su cliente, de manera que se pagan los intereses y reajustes devengados desde la fecha en que se entera el depósito, hasta que se cumpla la fecha avisada para su retiro.

Los depósitos a plazo, al tratarse de instrumentos de ahorro/inversión de corto plazo, están muy relacionados a las rentabilidades asociadas al costo de fondo de los bancos, el que se determina principalmente por la Tasa de Política Monetaria que fija el Banco Central de Chile. De esta manera, lo que hemos podido observar en las últimas décadas, es que la rentabilidad que entregan los depósitos a plazo se asemeja mucho a la inflación. En concreto, un depósito a plazo, lo que entrega es básicamente una protección contra la pérdida de poder adquisitivo.

En consecuencia, más allá de entregarnos buenos retornos por algunos periodos en particular (como los años 2022-2023), a largo plazo no suele ser una buena alternativa de inversión. Sin embargo, la gran ventaja en todo caso es la seguridad y la liquidez.

Seguridad, porque la posición financiera de los bancos en Chile es muy sólida, lo que permite cumplir con sus obligaciones y, por ende, pagar la rentabilidad comprometida y el capital aportado por el inversionista.

Liquidez, porque en general los depósitos a plazo se toman a menos de un año, lo que representa un periodo bastante reducido, desde el punto de vista de la inversión, en que el dinero invertido lo recibiremos de vuelta en algunas semanas o meses. No obstante, lo habitual que hacen muchas personas es tomar depósitos a plazo a 30 días y luego los van renovando.

Renta Fija

Son instrumentos de deuda que contemplan diferentes plazos de inversión, emitidos por empresas, bancos, entidades gubernamentales y el Banco Central. Sus títulos tienen asociados un interés conocido, a un plazo determinado, el que puede ser mediano o largo. Su valor dependerá de la solvencia del emisor, la evolución de las tasas de interés del mercado y del plazo de vencimiento del instrumento.

Por lo general, se trata de instrumentos menos riesgosos, por lo que son apetecidos por inversionistas más conservadores, en la medida que el inversionista mantiene la inversión hasta el vencimiento del instrumento.

Sabiendo esto, uno de los grandes errores que cometen los inversionistas con poca experiencia, es pensar que la renta fija no puede perder dinero. Lamentablemente, su nombre induce a error, ya que menciona explícitamente que se generará una renta (o ganancia) que es fija y, por lo tanto, no puede variar en el tiempo. Esto es cierto, si uno como inversionista, le presta dinero a una entidad en el origen y espera hasta el final del periodo estipulado, ya que en este punto recibirá el capital aportado más los intereses que se fijaron en el contrato inicial.

Sin embargo, estos "papeles" se transan en el mercado secundario, en la Bolsa, al igual que las acciones, proceso que da liquidez a estos instrumentos, que, al ser en algunos casos a tantos años plazo, pueden ser intercambiados por menores plazos. En consecuencia, lo que rige a estos instrumentos de renta fija son las tasas de interés que establecen los bancos centrales del mundo y del país en particular en que se transan.

Por la misma razón, y acá es necesario poner atención, ya que a primera vista puede parecer algo contraintuitivo, si las tasas de interés suben, el valor de estos instrumentos de renta fija disminuye, mientras que, en el caso contrario, cuando bajan las tasas de interés, suben los precios de los instrumentos de renta fija.

En definitiva, el valor de la inversión que realizamos en instrumentos de renta fija, se establece en función del precio del "papel", más los intereses que entregan estos instrumentos en el tiempo.

Renta variable

Son instrumentos representativos de la propiedad o capital de una sociedad o empresa. Quienes compren estos títulos pasan a ser propietarios o accionistas y, por lo tanto, participan de los resultados, ya sean ganancias o pérdidas de las empresas, razón por la cual, las acciones son uno de los instrumentos más representativos de la "renta variable", porque sus resultados son variables en el tiempo.

Las ventajas de ser accionista, es que al comprar una o más acciones de una empresa, se obtienen varios derechos. Dentro de los más importantes están:

Obtención de dividendos, provenientes del reparto de una parte o del total de las utilidades generadas por la sociedad. En sociedades anónimas abiertas, éste no puede ser inferior al 30% de las utilidades generadas en un ejercicio. No obstante, su reparto requiere la aprobación de la junta de accionistas.

Posibilidad de obtener acciones liberadas de pago, consistente en una forma de repartir dividendos con cargo a las utilidades.

Derecho a voz y voto. Los accionistas pueden expresar su opinión y ejercer el derecho a voto en las juntas de accionistas, sean estas ordinarias o extraordinarias.

Las inversiones en renta variable, o comúnmente llamadas acciones, ha demostrado ser las más rentables a largo plazo y la lógica que sostiene esto es muy simple: el desarrollo de la humanidad y la capacidad de adaptación de la empresa en los diferentes momentos de la civilización, ha podido ser retribuido a los accionistas. A pesar de las guerras, recesiones y periodos inflacionarios, la empresa innova, se adapta y genera valor para la sociedad, lo que se manifiesta en utilidades que luego son repartidas a sus accionistas.

De esta forma, uno de los ejemplos más comúnmente utilizados es la rentabilidad que se ha obtenido a lo largo del tiempo en el índice estadounidense S&P 500 que agrupa a las 500 empresas más grandes de EE.UU. y que fue creado en 1928. Desde sus inicios hasta ahora, ha generado un retorno anualizado de aproximadamente el 10%, lo que supera con creces, la rentabilidad generada por la renta fija, entre otros instrumentos de inversión tradicionales.

No obstante, la gran desventaja de la renta variable es que puede presentar caídas importantes en periodos relativamente cortos.

Sin ir muy lejos, para el estallido de la burbuja inmobiliaria en EE.UU. durante el periodo 2007-2009, el S&P 500 cayó un 57%. Si bien podemos leer la historia financiera sobre estas potenciales caídas, es difícil que podamos dimensionar lo que significa la pérdida de más de la mitad del capital que llegamos a tener.

Para que podamos ser conscientes de lo que significa invertir en acciones y que este tipo de situaciones no nos afecten, se debe tener un importante grado de disciplina para mantener nuestras inversiones en el largo plazo y así obtener ese retorno del 10% anualizado, algo que solo otorga la experiencia. Por ese motivo, mientras antes comiences a invertir y puedas experimentar este tipo de desplomes bursátiles, mucho mejor será.

Activos inmobiliarios

Cuando hablamos de inversión inmobiliaria, automáticamente pensamos en comprar una casa o un departamento para arriendo. De hecho, una de las maneras más evidentes de producir ingresos pasivos es a través de la renta que nos paga quien arrienda nuestra propiedad.

Esta clase de inversión, también denominada "Real Estate", es muy conocida en los mercados financieros como una subcategoría de los "activos alternativos", que tiene como principal característica el reducir la volatilidad en la estructuración de un portafolio, a raíz de tratarse de una clase de activo esencialmente menos líquido y, por lo tanto, menos influenciable por los vaivenes de los mercados.

Siendo específico, el Real Estate se refiere a los inmuebles, y estos cotizan en Bolsa a través de una estructura legal llamada REITs o Real Estate Investment Trust, que básicamente es un fondo de inversión. Los REITs tienen bajo propiedad una cartera de diferentes activos, los que pueden ser inmuebles en diferentes sectores, como oficinas, bodegas, locales comerciales, retail, data centers, industriales, propiedades residenciales, resorts, entre otros, además de estructurarse por tipo de propiedad o una combinación de ellas.

Tener exposición a este tipo de activo puede ayudar a la diversificación de la cartera y también sirve mucho a quienes necesitan ingresos recurrentes a través de dividendos, los que generalmente se obtienen producto de las rentas obtenidas por estos vehículos de inversión.

Sabiendo esto, te cuento algunas características que debemos considerar a la hora de invertir en activos inmobiliarios:

- **Liquidez**: La gran mayoría de los fondos inmobiliarios son de largo aliento, con importantes restricciones de liquidez, ya que la naturaleza del negocio es adquirir propiedades que deben mantenerse durante mucho tiempo para lograr plusvalía y que generen renta. Sin embargo, a pesar de su naturaleza, existe un mercado secundario donde se pueden comprar y vender cuotas de estos fondos que, dependiendo de las condiciones del mercado, puede ser más o menos sencillo liquidar las posiciones y, por ende, se debe estar dispuesto a asumir un mayor o menor costo por la rapidez de necesitar el dinero.
- **Dividendos**: En general, los fondos inmobiliarios se caracterizan por entregar dividendos superiores a las acciones. La política del fondo dependerá de la capacidad de generación de caja de los activos, la estructura de deuda del fondo, el costo de financiamiento, además de la política de inversión. En estos casos, al igual que en las acciones, una medida

recomendable para evaluar la capacidad de entregar dividendos es analizar la historia del fondo, ver cuánto ha pagado habitualmente en dividendos durante doce meses y compararlo con el valor actual de la cuota, para de esa manera ver el *yield* anual que entrega.

- **Plusvalía**: Además de la generación de caja por medio de los arriendos, lo que uno busca al momento de invertir en un fondo inmobiliario es obtener plusvalía a lo largo del tiempo. Factores que inciden en el aumento o la caída de los precios inmobiliarios son la demanda, donde juega un rol muy importante observar qué tan "sexy" se está poniendo una zona geográfica determinada, ya sea residencial, industrial o de oficinas. También se debe considerar la oferta, que en muchos casos está determinada por el costo de financiamiento, mano de obra y materiales. Además, está la situación económica del país en donde están situados los inmuebles, ya que históricamente ha existido una evidente correlación entre el crecimiento o desarrollo económico y el precio de la tierra y las propiedades. Y, por último, al tratarse de activos reales, es evidente que también se protegen de buena manera ante el aumento de la inflación, lo que se relaciona directamente con generar plusvalía en el tiempo.

- **Tasas de interés**: Ya lo mencionamos en el párrafo anterior como un factor importante a la hora de obtener plusvalía, pero es necesario poner énfasis en este aspecto. Los precios de las cuotas de los fondos de inversión inmobiliarios fluctúan de manera directamente proporcional con las tasas de interés, al igual que cuando una persona adquiere una propiedad para vivir, y ésta suele ir acompañada de una hipoteca que también ve afectado su valor según lo altas o bajas que se encuentren las tasas. De esta manera, a un mayor costo financiero, los precios deberían caer, o a lo menos estancarse, mientras que, con una caída de las tasas de interés, debería aumentar la demanda e incrementarse los precios. Esta variable tiene incidencia además en la política de dividendos y de inversión del fondo, ya que, si las tasas son bajas, probablemente aumentará la entrega de dividendos, mientras que, si aumenta la tasa de interés, se restringe la caja y podría disminuir la entrega de dividendos.

- **Costo de administración**: El administrar propiedades representa un gran desafío. Los que tenemos propiedades de inversión lo sabemos: costo de corretaje, mantenciones, arreglos varios, vacancia, seguros, etc. Si bien al tener un conjunto de propiedades, se logran importantes economías de escala, estos problemas no dejan de ser relevantes y, por ende, los fondos inmobiliarios generalmente tienen costos de administración más elevados. Ahora, lo importante es que estos mayores costos, generalmente se pagan, o se deberían pagar, al obtener mejores retornos por medio de una correcta y eficiente administración.

Commodities

Los commodities, o también conocidos como materias primas, son productos básicos y materiales primarios que se transan en los mercados financieros internacionales. Como tal, son intercambiados en su estado más simple, sin diferenciación entre marcas o productores. De hecho, algunos ejemplos comunes y demandados incluyen el petróleo, el cobre, el oro, el trigo y el café.

En ese sentido, dos de las características que le otorgan a un producto básico el título de materia prima, son su universalidad y homogeneidad. Esto significa que una unidad del producto es igual a otra, sin importar su origen o lugar de producción. Por ende, son capaces de ser comercializados globalmente y su precio es determinado, en gran medida, por la oferta y la demanda en los mercados internacionales.

¿Cómo funciona el mercado de commodities?

El origen de los mercados de materias primas comienza en el mercado de derivados, especialmente el de futuros, con el objetivo de satisfacer la demanda entre los agricultores y comerciantes. Esta dinámica se produce a raíz de ciertas características únicas del mercado agrícola, asociadas al clima, la oferta y la demanda. En años de escasez, será posible obtener precios relativamente altos para un cereal. En cambio, en años de abundancia, puede ocurrir que el cereal tenga que venderse a precios mucho menores. En este contexto, los agricultores se ven expuestos a un enorme riesgo.

Por otro lado, un consumidor de cereal, como puede ser una empresa que compra de forma habitual para producir productos que utilizan esa materia prima, en los años de exceso de oferta obtendrá precios favorables, mientras que, en años de escasez, su costo de producción se puede ir a las nubes por el aumento de los precios del cereal.

En este escenario de riesgo, parece sensato que ambas partes, agricultores y empresas, se pongan de acuerdo previo a las cosechas, negociando un precio que sea razonable, eliminando el riesgo implícito de las condiciones climáticas que puedan afectar los precios.

Ante esta necesidad, se funda en 1848 la Chicago Board of Trade (CBOT), con el fin de servir de enlace entre agricultores y comerciantes. Su tarea principal fue en un inicio la de estandarizar cantidades y calidades de cereales que se comercializaban. Desde ese punto, al cabo de pocos años, se produciría el primer tipo de contrato de futuros, llamado *contrato to arrive* (para el futuro).

Existen varios tipos de commodities que se comercializan en los mercados internacionales, clasificados en tres categorías principales:

- **Commodities agrícolas**: Productos básicos derivados del sector agrícola, como el trigo, el maíz, el arroz, la soja, el algodón y el azúcar. Estos productos son esenciales para la alimentación y la producción de muchos bienes en todo el mundo.

- **Commodities energéticos**: Comprenden recursos energéticos no procesados, como el petróleo crudo, el gas natural y el carbón. Estos recursos son vitales para la generación de energía, el transporte y la industria en general.
- **Commodities metálicos**: Se refiere a metales no refinados, como el oro, la plata, el cobre, el platino y el aluminio, los que son útiles para diversas aplicaciones industriales que, con el paso del tiempo, han pasado a ser valiosos en la producción de bienes y componentes electrónicos.

¿Qué factores influyen en el precio y el mercado de commodities?

- **Oferta y demanda**: Cuando la oferta y la demanda están equilibradas, los precios deberían mantenerse. Pero, cuando el mercado estima que la oferta será menor, por el clima o por reducción en la producción, los precios suelen aumentar, o viceversa.
- **Existencias e inventarios**: Este factor relacionado a la producción de los precios de los productos básicos suele sufrir alteraciones por un sinnúmero de variables, como el clima, enfermedades de cultivos, dificultades de producción con el personal, entornos políticos y económicos inciertos, generando cargos extras, en impuestos, leyes comerciales, subsidios de gobiernos, además de otros aspectos.
- **Comportamiento del dólar**: Todas las materias primas se siguen transando en los mercados internacionales en dólares estadounidenses. En consecuencia, un aumento en el precio del dólar encarecería el valor de las materias primas, y por lo tanto, tiende a perjudicar el precio. De manera inversa, una caída en la cotización del dólar beneficia a los precios de las materias primas.

- **Inflación**: En general, las materias primas son bienes que se benefician por el aumento en la inflación, ya que se trata de productos básicos que suelen ser altamente demandados, más aún cuando aumentan los precios de manera acelerada. En ese sentido, el oro se ha caracterizado por ser una de las materias primas que mejor comportamiento ha tenido en períodos inflacionarios.

- **Crecimiento económico**: Si la actividad económica agregada a nivel mundial es saludable y existe un crecimiento por sobre la tendencia, los precios de las materias primas tenderán a aumentar a raíz de la mayor demanda existente. En caso contrario, cuando existe una desaceleración o recesión económica, los precios tienden a disminuir, por la menor demanda de materias primas. En ese sentido, uno de los commodities más observados para evaluar a la economía mundial es el cobre, al que precisamente se le denomina el "Dr. Cobre", ya sea porque tienen un doctorado en economía, o porque es uno de los mejores indicadores para determinar el estado de la "salud" de la economía a nivel global.

Para finalizar ¿de qué manera nos beneficia invertir en materias primas?

Es evidente que una de las grandes ventajas de invertir en los commodities está relacionada a la diversificación. En ese sentido, el oro ha sido una de las materias primas favoritas a la hora de introducir esa diversificación a los portafolios de cualquier inversionista. Ya sea por la protección ante escenarios de incertidumbre, como los conflictos geopolíticos, o para cubrirnos ante la posibilidad del aumento en la inflación, el oro aporta muchísimo valor ante escenarios que muchas veces son inesperados. De hecho, Ray Dalio, conocido inversionista estadounidense, incorpora al oro en su famosa estrategia de inversión "All weather", la que implica que si se consideran las posibilidades de los diferentes escenarios económicos como por ejemplo una elevada inflación, una fracción del portafolio invertida en oro puede ser una buena herramienta de protección.

Por otra parte, invertir en materias primas puede estar relacionado a ciertas tendencias o ciclos económicos de los cuales podemos beneficiarnos. En los últimos años, el aumento explosivo de la electromovilidad estaría anticipando una mega tendencia para las materias primas que tienen una elevada conductibilidad eléctrica, como el cobre, lo que podría aumentar su demanda y, en consecuencia, su precio.

En tanto, el aumento de la población, el crecimiento económico y las mayores necesidades de alimentación pueden generar incrementos explosivos en los precios, los que podrían ser acompañados de problemas en la producción, lo que incluye también condiciones climáticas desfavorables.

Deuda Privada

Las empresas se pueden financiar tradicionalmente a través de 3 fuentes: 1) Fondos propios, 2) Deuda bancaria, 3) Emisión de deuda en mercados públicos.

Estas fuentes de financiamiento son limitadas y tienen diversas restricciones que en algunos casos pueden hacer difícil el crecimiento y desarrollo de las empresas. Por este motivo nace y se expande el uso de la deuda privada como fuente de financiamiento y alternativa de inversión.

Los fondos de deuda privada son un tipo de activo alternativo con un atractivo rendimiento y una baja correlación con los activos tradicionales. Esto se explica esencialmente por el premio a la iliquidez, lo que significa que el dinero invertido debe permanecer por más tiempo sin liquidarlo.

Respecto a su composición, los fondos de deuda privada están conformados por aportes de capital que realizan los partícipes o aportantes del fondo, que pasan a ser invertidos en productos financieros que pueden ser pagarés, facturas e instrumentos de leasing, entre otros.

En definitiva, algunas de las ventajas que puede tener un inversionista a la hora de elegir la deuda privada como una alternativa de inversión son la siguientes:

1. **Rendimiento atractivo**: En comparación con algunas opciones de inversión más seguras, como los bonos del gobierno, la deuda privada a menudo ofrece rendimientos más altos. Esto puede resultar atractivo para los inversionistas que buscan mayores tasas de interés o rendimientos más atractivos en sus carteras.

2. **Diversificación**: La deuda privada puede representar una interesante forma de diversificar una cartera de inversión. Al agregar instrumentos de deuda privada a una cartera que ya contiene acciones y otro tipo de activos, los inversionistas pueden reducir la exposición a riesgos específicos de un mercado o sector.

3. **Apalancamiento**: La deuda privada, en algunos casos, permite a los inversionistas aprovechar el apalancamiento, lo que significa que pueden utilizar una pequeña cantidad de capital propio para financiar una inversión más grande. Si la inversión es exitosa, el rendimiento total puede ser mayor a que si se hubiese utilizado solo capital propio.

4. **Oportunidades de nicho**: La deuda privada a menudo se asocia con inversiones en empresas más pequeñas o en sectores específicos que pueden no estar representados en los mercados públicos. Esto proporciona a los inversionistas comunes la oportunidad de participar en áreas de crecimiento o nichos de mercado que podrían no encontrarse disponibles a través de inversiones más tradicionales.

5. **Flexibilidad en términos y estructuras**: Los términos de los acuerdos de deuda privada pueden ser negociados entre el

prestatario y el prestamista, lo que proporciona flexibilidad en la estructura de la inversión. Esto puede incluir opciones como tasas de interés variables, períodos de gracia y otros términos específicos adaptados a las necesidades de ambas partes.

Finalmente, es esencial destacar que invertir en deuda privada también conlleva riesgos significativos.

Uno de los más importantes se relaciona con el riesgo de incumplimiento por parte del prestatario. En este caso, la falta de liquidez en comparación con los valores negociables en mercados públicos y la dependencia de las condiciones económicas y del mercado, pueden llevar a sufrir fuertes pérdidas cuando cambian las condiciones del mercado. Por esto, los inversionistas deben realizar una cuidadosa investigación y análisis de riesgos antes de comprometerse con inversiones en deuda privada.

Criptomonedas

Las criptomonedas son un tipo de activo digital, una moneda específicamente, que utiliza métodos criptográficos para asegurar las transacciones y para controlar la creación de nuevas unidades de dicha moneda.

La tecnología utilizada es Blockchain, que consiste en una cadena de bloques con registros de transacciones, que son enlazados y asegurados mediante criptografía. Cada bloque contiene un hash criptográfico (un algoritmo, una instrucción), relacionada al bloque anterior, lo que asegura la integridad de la cadena y previene la alteración de datos.

De esta manera, la interacción entre estos complejos algoritmos que gestionan la emisión de nuevas unidades, garantiza la seguridad del ecosistema en su conjunto. En consecuencia, el blockchain elimina la necesidad de un intermediario centralizado al permitir que múltiples partes confíen en un registro común y seguro. Este atributo lo hace especialmente útil para sistemas financieros, de seguimiento logístico en cadenas de suministros, contratos inteligentes y muchas otras aplicaciones donde la transparencia y la inmutabilidad son importantes.

Volviendo a lo que son las criptomonedas, a diferencia de las monedas tradicionales emitidas por los gobiernos (como el dólar estadounidense o el euro), en su origen, las criptomonedas son descentralizadas y no están controladas por ninguna autoridad central, como un Banco Central.

Algunas criptomonedas populares, además del Bitcoin, son Ethereum, Solana, Ripple o Cardano. Para adquirirlas, se pueden utilizar exchanges, o plataformas en línea que permiten a los usuarios comprar, vender e intercambiar diferentes criptomonedas, y es importante elegir una wallet (billetera) segura para almacenarlas. Así, pueden ser utilizadas para realizar transacciones en línea, pagar bienes y servicios, o para realizar inversiones especulativas.

Bitcoin

La primera y más conocida criptomoneda es el Bitcoin, que fue creada en 2009 por una persona o grupo de personas bajo el seudónimo de Satoshi Nakamoto. Desde entonces, han surgido miles de criptomonedas diferentes, cada una con sus propias características y aplicaciones.

Una de las anécdotas más conocidas en los inicios del Bitcoin es que el 22 de mayo de 2010, Laszlo Hanyecz compró dos pizzas con 10.000 Bitcoin. En ese momento, la transacción significó un aproximado de US$ 41, pero con el paso del tiempo, éstas se convertirían en las pizzas más caras de la historia. En la "conmemoración" de este día, en 2023, los 10.000 Bitcoin alcanzaron un total de US$270 millones.

En términos simples, Bitcoin es una forma de dinero digital que permite a los usuarios enviar y recibir pagos de forma directa, rápida y segura a través de internet, sin la intervención de intermediarios. Las transacciones de Bitcoin son verificadas por una red descentralizada de nodos (computadoras) que ejecutan el software de Bitcoin, lo que garantiza la integridad y la seguridad del sistema.

Ahora bien, uno de los principales argumentos que utilizan los defensores de las criptomonedas, y del Bitcoin en particular, es que, a diferencia de otras divisas de curso legal, como el dólar estadounidense, en donde no existe un límite establecido para su creación, en el caso del Bitcoin se conoce la cantidad máxima que se emitirá, que es de 21 millones. Este límite está codificado en el protocolo de Bitcoin y es una característica fundamental de su diseño.

Respecto a su creación, la emisión de bitcoins ocurre a través de un proceso llamado "minería", donde los mineros utilizan su poder de procesamiento para resolver complejos problemas matemáticos y validar las transacciones en la red. Como recompensa por este trabajo, los mineros son premiados con bitcoins recién creados.

Inicialmente, la recompensa por la minería de un bloque era de 50 bitcoins por bloque. Sin embargo, aproximadamente cada cuatro años, este número se reduce a la mitad en un evento conocido como "halving". Esto sucede para mantener el suministro de bitcoins bajo control y garantizar que la cantidad total de bitcoins nunca exceda los 21 millones.

Por ejemplo, en 2023 la recompensa por bloque fue de 6,25 bitcoins, eso después del tercer halving que ocurrió en mayo de 2020. Se espera que este proceso de reducción de la recompensa continúe hasta que se hayan minado todos los bitcoins, lo que se proyecta que ocurra alrededor del año 2140. A partir de entonces, la emisión de nuevos bitcoins cesará por completo y la única forma en que los nuevos bitcoins entrarán en circulación será a través de la minería de transacciones, donde los mineros serán recompensados con las tarifas de transacción.

A modo de resumen, las características distintivas del Bitcoin incluyen:

- **Descentralización**: No es controlado por ninguna entidad central, lo que significa que no está sujeto a la manipulación por parte de gobiernos o instituciones financieras.
- **Escasez programada**: El suministro total de Bitcoin está limitado a 21 millones de unidades, lo que por diseño lo transforma en deflacionario y potencialmente un activo de reserva de valor.
- **Pseudonimato**: Las transacciones de Bitcoin son pseudónimas, lo que significa que las direcciones de Bitcoin no están directamente vinculadas a la identidad del usuario.
- **Seguridad**: La tecnología blockchain y la criptografía utilizada en Bitcoin brindan un alto nivel de seguridad, lo que hace que las transacciones sean prácticamente irreversibles y resistentes a la falsificación.

A lo largo de su historia, Bitcoin ha ganado popularidad como una forma de inversión, un medio de intercambio y una reserva de valor, aunque su volatilidad y su relativa novedad lo hacen un activo de alto riesgo. Sin embargo, su impacto en la tecnología financiera y su potencial para transformar el sistema económico convencional lo convierten en un tema de interés continuo, tanto para usuarios individuales como para instituciones financieras y reguladores gubernamentales.

Las dudas sobre el futuro del Bitcoin

Hasta ahora hemos hablado solo sobre los beneficios del Bitcoin, pero son menos conocidos los argumentos en contra sobre el futuro de los crypto activos.

Los críticos de las criptomonedas, a menudo las han culpado de facilitar las transacciones ilícitas y aumentar la huella de carbono mundial. De hecho, hay algo de verdad en ambas afirmaciones.

Motivados para evitar ser detectados, los estafadores, contrabandistas y terroristas en línea se han sentido atraídos por las criptomonedas, las que también han sido utilizadas para evadir los controles de capital y ocultar riqueza a las autoridades fiscales, relacionando al pseudonimato del que hablábamos previamente como una de sus principales características.

Por otro lado, desde el punto de vista medioambiental, la minería de Bitcoin consume mucha energía, aún basada mayoritariamente en combustibles fósiles como el petróleo y carbón, lo que iría en contra de las nuevas tendencias relacionadas al mayor uso de energías renovables.

Considerando lo anterior, no cabe duda que aún es cuestionable para qué realmente sirve el Bitcoin. Solo para tener una referencia, la red de Visa puede procesar más de 20.000 transacciones por segundo, mientras que la red Bitcoin apenas puede procesar cinco. Las transacciones de Bitcoin tardan entre 10 minutos y una hora en completarse, en comparación con solo unos segundos para la mayoría de las transacciones con tarjeta de débito o crédito, sumado a los costos por transacción que aún siguen siendo elevados en comparación a los medios de pago tradicionales.

Hasta el momento en que escribo este libro (2024), el Bitcoin no ha podido actuar como medio de intercambio o unidad de contabilidad para una economía en general, a pesar de que se inventó hace 14 años. Algunas empresas como Tesla han permitido la compra de sus vehículos con Bitcoin. Sin embargo, esta aceptación de pago sigue estando relacionada a su conversión en dólares.

¿Por qué aún ocurre esto y probablemente seguirá ocurriendo por mucho tiempo más? Simplemente es porque el Bitcoin aún no puede funcionar como una "unidad de cuenta", que es la capacidad de permitir fijar el precio de los bienes y servicios. La enorme volatilidad del Bitcoin, que es superior en 7 veces a la volatilidad del Dólar Index, hace imposible que se convierta en una unidad de cuenta.

Finalmente, algunos economistas "bien intencionados" han postulado que quizás las tres funciones del dinero, como el ser un medio de intercambio, una unidad de cuenta y un depósito de valor, sean separables. Estos coinciden en que, aunque los Bitcoin no pueden utilizarse como medio de intercambio o como unidad de cuenta, sí podrían utilizarse como un depósito de valor.

De hecho, existen algunos grados de separación entre las funciones monetarias, en particular, entre la reserva de valor respecto de las otras dos funciones. Así como los Bancos Centrales utilizan ampliamente el oro como activo de reserva nacional, los diamantes, el arte, los vinos, o casi cualquier cosa que tenga una utilidad positiva que se puede almacenar como forma de preservar la riqueza.

En el caso del Bitcoin, aún no puede actuar de forma fiable como depósito de valor, pero tiene un interesante potencial. En términos simples, cualquier cosa que tenga un precio positivo debe tener una utilidad positiva para los consumidores o las empresas. Por ejemplo, el cobre se utiliza ampliamente para la construcción o la producción industrial, y el oro o los diamantes a menudo se utilizan para fabricar joyas. ¿Cuál es la utilidad de los bitcoins? A mi parecer, estaría relacionada a la seguridad, al almacenamiento (que son bits de información en la nube) y a la facilidad para poder transferir grandes cantidades de dinero a través del Bitcoin. Por esto, considero que en estos aspectos se puede diferenciar y lograr importantes ventajas respecto al oro.

En la actualidad, el valor de todos los Bitcoins que alguna vez se han emitido es de aproximadamente 1 billón de dólares, y la capitalización de mercado de todas las criptomonedas en circulación ha llegado a valer en torno a 2 billones de dólares. En cambio, el valor de todo el oro que se ha extraído alguna vez ronda los 10 billones de dólares. Ciertamente, es posible que los inversores eufóricos aumenten el valor de las criptomonedas hasta el punto de que en conjunto valgan más que todo el oro del mundo, lo que permitiría que el Bitcoin multiplicase por 5 su valor, es decir, podría alcanzar un precio de US$ 250.000 dólares por cada Bitcoin.

El patrón oro y su olvido en el tiempo

Sin embargo, es necesario conocer un poco de historia económica para comprender el rol que tuvo en su minuto el patrón oro, del cual se ha argumentado tantas veces que su actual ausencia implicaría el principal riesgo del sistema monetario contemporáneo al no tener un respaldo "real".

Por mucho tiempo, los precios del oro subieron y bajaron, dependiendo del crecimiento de la producción del metal dorado en relación con la expansión del crecimiento económico. Un ejemplo particularmente concreto de este fenómeno fue cuando España experimentó un repentino aumento de inflación en el Siglo XVI, como resultado de grandes importaciones de oro del Nuevo Mundo.

Como sea, la verdadera razón por la que el mundo ha abandonado el patrón oro es la rigidez de la oferta de este precioso metal, que a menudo culminaba en pánicos y recesiones interminables. Sólo en el Siglo XIX, por ejemplo, hubo 16 grandes pánicos financieros, depresiones y una deflación sostenida de precios. Simplemente, las autoridades no tenían mecanismos para luchar contra estas crisis.

De hecho, la inflación de precios aumentó desde el colapso del sistema de Bretton Woods en 1971, pero esto ha ocurrido a cambio de un importante incremento de la estabilidad económica y financiera.

Conociendo esta historia, los defensores de las criptomonedas no entienden que un sistema económico con una oferta monetaria rígida es algo malo, y que ha sido la causa fundamental de grandes fluctuaciones económicas, pánicos financieros, frecuentes crisis económicas y enormes deflaciones de precios.

Por último, se ha argumentado extensamente que los bancos centrales han imprimido dinero agresivamente desde la Crisis Financiera Mundial (2008-2009), lo que conducirá a una "devaluación de la moneda" y una pérdida permanente de riqueza para la gente común y corriente.

Argumentan que el dinero fiduciario ha ido perdiendo poder adquisitivo continuamente durante décadas y que la única solución para preservar la capacidad de compra es eludir las influencias gubernamentales y permitir una "moneda independiente". Tras este argumento, las criptomonedas son el candidato perfecto para lograr este objetivo, ya que tienen un suministro limitado y están libres de intromisión gubernamental.

Superficialmente, todas estas narrativas suenan intuitivamente correctas, razonables e incluso atractivas, pero no son argumentos correctos. En primer lugar, no ha habido una "devaluación monetaria" masiva ni una mala inflación desde la crisis financiera mundial. Por el contrario, el mayor problema para la mayoría de los bancos centrales del mundo desarrollado ha sido una tasa de inflación demasiado baja.

Por ejemplo, la inflación PCE subyacente (precios en gastos de consumo personal) en Estados Unidos ha estado por debajo del objetivo de la Reserva Federal en un 6% acumulado desde la Crisis Financiera Global, hasta poco después de la pandemia. En Europa, la inflación ha promediado el 1,2% durante el mismo período, lo que representa un incumplimiento acumulado de 8% con respecto al objetivo del Banco Central Europeo.

La consolidación del Bitcoin

Finalmente, la pregunta de fondo es si ¿el Bitcoin es una nueva clase de activo? Mi respuesta es que el lanzamiento de los ETF de Bitcoin llegó para coronar la adopción de esta nueva clase de activo dentro del mundo financiero.

Sin embargo, aún no tenemos certeza de cómo valorar al Bitcoin. Todos sabemos que el valor fundamental de un activo financiero está determinado por su flujo de ingresos futuros y los niveles de factores de descuento. Entonces, ¿cómo se determina el valor de un Bitcoin? Probablemente su valor sea el atractivo para actividades ilícitas, la seguridad en sus transacciones, la facilidad para enviar grandes sumas de dinero y la enorme capacidad de almacenamiento en la nube.

Desde el 11 de enero de 2024 comenzó a operar el primer ETF de Bitcoin. Con este instrumento, en lugar de comprar y almacenar Bitcoins de manera directa, los inversores pueden comprar a través de otro vehículo de inversión, como son los ETF a través de un Broker tradicional. Estos ETF representan una fracción de la propiedad del fondo y su valor se correlaciona con el precio del Bitcoin subyacente. Además, los ETF del Bitcoin pueden rastrear el precio de la criptomoneda de varias formas, ya sea mediante la compra de Bitcoin directamente, futuros de Bitcoin o derivados financieros.

Vehículos de inversión

Se debe entender como vehículo de inversión a las diversas formas en las que se puede realizar una inversión determinada, pero a través de un fondo colectivo que puede tomar diferentes formas, con distintas características, ventajas y desventajas.

A continuación, te presento las formas más comunes a través de las cuales se puede invertir de manera colectiva.

Fondos mutuos

Un Fondo Mutuo reúne los aportes en dinero de un grupo de personas o empresas que tienen similares objetivos, en este caso, de inversión, todo en un fondo común. Este dinero es administrado por un equipo de profesionales, quienes invierten en instrumentos financieros de distintos países y sectores, además de una amplia variedad de monedas, y así componen una cartera diversificada de activos.

Los Fondos Mutuos existen en todo el mundo, pero han ido perdiendo relevancia en los últimos años a raíz del crecimiento explosivo que han tenido los ETF. Esto se suma además a la mala fama relacionada a diversos estudios que hablan de la eficiencia del mercado, en donde una parte menor de la enorme cantidad de oferta de fondos mutuos, ha mostrado rendimientos superiores a sus índices de referencia (Benchmark).

Teniendo en cuenta al mercado chileno como ejemplo, algunas características que destacan de los fondos mutuos, es que se pueden "rescatar", esto significa que se puede retirar el dinero invertido más las rentabilidades que se hayan generado en cualquier momento y, a diferencia de otros instrumentos financieros, se puede disponer del dinero en un rango de tiempo que varía entre 1 y 10 días, dependiendo del fondo.

Se puede acceder a un fondo mutuo de manera cómoda, rápida y simple, ya sea a través de internet, vía telefónica o acercándote a una administradora general de fondos (AGF), y en muchos casos con aportes que comienzan en tan solo $5.000 (US$5), permitiéndole a las personas, con un bajo monto acceder a instrumentos financieros de países y economías que de manera individual sería muy costoso o simplemente imposible invertir en ellos.

Aunque los fondos mutuos son una herramienta popular para invertir, también han sido objeto de críticas y controversias. Algunas de las críticas más comunes incluyen:

- **Altos costos y comisiones**: Algunos críticos argumentan que las comisiones y gastos asociados con los fondos mutuos pueden ser relativamente altos en comparación con otras formas de inversión, lo que puede reducir el rendimiento neto para los inversores.

- **Desempeño inconsistente**: No todos los fondos mutuos logran superar consistentemente el rendimiento del mercado o de índices de referencia. Algunos fondos pueden tener un desempeño inferior al promedio, debido principalmente a decisiones de inversión equivocadas, a sus altos costos o en definitiva a una mala selección de activos.

- **Falta de transparencia**: Algunos críticos argumentan que la industria de fondos mutuos no siempre es completamente transparente en cuanto a la estructura de costos, comisiones y decisiones de inversión subyacentes, lo que dificulta para los inversores comprender completamente los detalles de su inversión.

- **Conflictos de interés**: Se ha señalado que algunas administradoras de fondos mutuos pueden tener incentivos para promover ciertos fondos por sobre otros, lo que puede influir en la toma de decisiones de inversión y en la asignación de recursos.

Fondos de inversión públicos y privados

Los fondos de inversión públicos y privados representan patrimonios integrados por aportes de personas naturales y jurídicas, denominadas partícipes, para su inversión en valores y bienes que la ley autorice. Una de las diferencias más relevantes con respecto a los Fondos Mutuos, es que su patrimonio se conforma por aportes expresados en cuotas no rescatables hasta la liquidación del fondo, y esas cuotas constituyen valores de oferta privada o pública que se registran en la Comisión para el Mercado Financiero (CMF).

En ese sentido, otra diferencia importante es que los fondos de inversión públicos y privados pueden invertir en valores en general, como por ejemplo, acciones o sociedades anónimas cerradas. Por su parte, los fondos mutuos sólo pueden hacerlo en valores de oferta pública.

Por esta razón, los fondos de inversión públicos y privados, pueden tener una ventaja respecto a otros vehículos de inversión al poder invertir en clases de activos menos líquidos como activos inmobiliarios o deuda privada.

Ahora bien, ¿cuál es la razón de que existan fondos públicos y privados y cuáles son las diferencias entre uno y otro?

Los fondos públicos son aquellos que pueden hacer oferta pública de sus valores, por ello son fiscalizados por la CMF y están sujetos a una serie de regulaciones (Ley 18.815) que tienen relación con la composición de su portafolio, límites u operaciones con partes relacionadas, entrega de información al público y gobierno corporativo, entre otras. Un fondo público debe ser administrado por una administradora de fondos (AFI o AGF), quien a su vez es fiscalizada por la CMF.

En tanto, los fondos privados son aquellos que no hacen oferta pública de sus valores y no son fiscalizados por la CMF. Estos fondos se rigen principalmente por las cláusulas de sus reglamentos internos. La administración de esos fondos quedará sujeta a las normas de sociedades anónimas cerradas, por lo que éstas deberán señalar expresamente que se trata de administradoras de fondos no reguladas ni fiscalizadas.

Exchange-Traded Funds (ETF)

Los ETF, o Exchange-Traded Funds, son fondos de inversión que se negocian en Bolsa de manera similar a las acciones. Están diseñados para rastrear y replicar el rendimiento de un índice, commodity, bono u otro tipo de activo subyacente. Los ETF ofrecen a los inversores una forma de diversificar su cartera y obtener exposición a un amplio conjunto de activos sin tener que comprar cada uno de ellos individualmente.

Una de las ventajas de invertir en estos vehículos de inversión, es que necesariamente debe existir el respaldo sobre el activo subyacente en el que se invierte. A modo de ejemplo, en 2013 se puso en duda la gran cantidad de oro físico que debía estar acumulando el ETF "GLD", que es uno de los mayores fondos de inversión en oro del mundo y que cotiza en la Bolsa de Nueva York.

Los inversionistas que compran cuotas del "GLD", tienen el respaldo de lingotes de oro almacenados en bóvedas custodiadas por terceros. En 2013, hubo especulaciones y debates sobre si el ETF realmente tenía suficiente oro físico para respaldar todas las cuotas emitidas.

Esto llevó a una serie de auditorías y revisiones públicas para confirmar la autenticidad y cantidad del oro almacenado. En este caso, los inversores estaban interesados en garantizar que el ETF tuviera suficiente respaldo tangible para respaldar sus inversiones.

Finalmente, se demostró que el ETF tenía la cantidad de oro físico que afirmaba y se disiparon las preocupaciones. Sin embargo, este evento subraya la importancia de la transparencia y la auditoría en el mundo de los ETF y de las inversiones en general.

A continuación, te cuento algunas características importantes de los ETF:

- **Negociación en Bolsa**: Los ETF se compran y venden en Bolsas de valores, de manera similar a las acciones, lo que significa que los inversionistas pueden adquirirlos o deshacerse de ellos en cualquier momento durante el horario de mercado.

- **Diversificación**: Al invertir en un ETF, el inversor obtiene exposición a un conjunto diversificado de activos, lo que puede reducir el riesgo asociado con la inversión en un solo activo, o en un grupo pequeño de activos.

- **Transparencia**: Los gestores de ETF suelen proporcionar información actualizada sobre la composición del fondo, incluidos los activos subyacentes y su peso en la cartera. Esto proporciona a los inversores una mayor transparencia sobre lo que están comprando.

- **Bajos Costos**: Los ETF suelen tener costos de gestión más bajos en comparación con otros productos de inversión, como los fondos mutuos. Esto se debe a que muchos ETF están diseñados para replicar índices, lo que reduce la necesidad de una gestión activa que implique tener profesionales especializados para tal labor.

- **Flexibilidad**: Los ETF están disponibles para una amplia gama de activos subyacentes, incluidos índices de acciones, bonos, materias primas, divisas y otros. Esto permite a los inversores elegir ETF que se alineen con sus objetivos de inversión.
- **Liquidez**: Los ETF suelen tener alta liquidez debido a que se negocian en Bolsas de valores. Esto significa que es más fácil comprar o vender participaciones en un ETF en comparación con otros tipos de inversiones.

De todas formas, es importante tener en cuenta que, al igual que cualquier inversión, los ETF tienen riesgos y es importante comprender, antes de invertir, los activos subyacentes y la estrategia de inversión del ETF en el que estás interesado. Además, es posible que existan costos asociados con la compra y venta de ETF, como comisiones de corretaje.

Aunque los ETF han ganado mucha popularidad en los últimos años, es necesario mencionar que, de todas maneras, existen algunas desventajas a la hora de invertir en ellos, las que cuento aquí:

- **Riesgo de seguimiento del índice**: Aunque los ETF están diseñados para replicar el rendimiento de un índice subyacente, puede haber discrepancias debido a factores como los costos de gestión y los ajustes de reinversión de dividendos. Esto significa que el rendimiento del ETF puede desviarse del índice que intenta seguir.
- **Fees y gastos**: Aunque los ETF suelen tener costos más bajos en comparación con otros productos de inversión, aún pueden tener gastos asociados, como comisiones de corretaje y gastos de gestión.
- **Falta de gestión activa**: La mayoría de los ETF están diseñados para seguir un índice específico y no tienen una gestión activa. Esto significa que no hay un gestor tomando decisiones sobre qué activos incluir o excluir de la cartera, lo que

puede ser una desventaja si se busca una estrategia de inversión más activa. Esto es particularmente importante en las caídas del mercado, en donde no existen medidas de mitigación de las pérdidas.

- **Falta de flexibilidad en la selección de activos**: Aunque existe una amplia variedad de ETF disponibles, algunos inversores pueden tener necesidades o preferencias específicas que no se ajusten perfectamente a los ETF existentes.

- **Riesgo de liquidez**: Aunque la mayoría de los ETF son líquidos, algunos pueden tener menor volumen de negociación que otros, lo que puede resultar en spreads de oferta y demanda más amplios y costos de transacción ligeramente más altos.

- **Riesgos específicos del subyacente**: Los ETF que siguen activos subyacentes, como acciones, bonos y materias primas, por mencionar algunos, están expuestos a los mismos riesgos que esos activos. Por ejemplo, si se invierte en un ETF de acciones, se está expuesto a los riesgos del mercado de valores.

- **Dividendos y distribuciones de capital**: Algunos ETF pueden tener políticas de distribución de dividendos o capital que no se alineen con las preferencias o necesidades del inversor.

- **Riesgo de cierre o liquidación del ETF**: Aunque esto es relativamente raro, los ETF pueden cerrarse o liquidarse si no atraen suficiente interés de los inversores. En tal caso, los inversores recibirían el valor liquidativo de sus participaciones.

Finalmente, es importante recordar que cada inversor tiene necesidades y tolerancias de riesgo diferentes, por lo que lo que puede ser una desventaja para uno, puede no serlo para otro. Antes de invertir en cualquier ETF, se recomienda realizar una exhaustiva y profunda investigación.

Multifondos de las AFP

Los multifondos de las AFP son un sistema donde se administran los ahorros obligatorios y voluntarios de los afiliados que pertenecen al Sistema de Pensiones de Chile, con el objetivo de rentabilizarlos e incrementar sus ahorros. El sistema de Multifondos fue creado por la Ley N° 19.795, de fecha 28 de febrero de 2002, y corresponde a la administración de 5 Fondos de Pensiones por parte de cada AFP.

Estas 5 alternativas se encuentran representadas por letras: A, B, C, D y E, y se diferencian principalmente por el nivel de riesgo y rentabilidad esperada para cada uno de ellos, siendo el A el más riesgoso y el E el más conservador.

En este caso, el riesgo se refiere al porcentaje de tu ahorro que está invertido en instrumentos de renta variable (acciones y fondos inmobiliarios, entre otros). El que sean de renta variable significa que están más expuestos a los vaivenes del mercado, por lo que pueden experimentar pérdidas mayores, como también ganancias más altas. De esta forma, el fondo A es el más riesgoso porque es el que más invierte en este tipo de instrumentos, mientras que el E es el que menos proporción invierte en mecanismos de renta variable.

Un amigo me lo recomendó

Probablemente la forma más común por la que comenzamos a invertir es porque tenemos unos ahorros y conocemos a algún cercano que "sabe" como invertir, porque siempre está hablando de temas económicos y financieros en los asados del fin de semana.

Es habitual que cuando a ese amigo le ha ido bien, vocifera a todos sobre sus éxitos, de manera muy similar como otro amigo que, cuando va al casino, siempre dice que gana dinero. Después de haber visto las películas Wall Street en los años 80, El Lobo de Wall

Street en el 2013 y más recientemente la serie Billions en Netflix, es normal que nos llame la atención cómo se puede ganar dinero de una manera tan "fácil" en los mercados financieros.

En consecuencia, nuestras primeras inversiones las hacemos por una recomendación o intuición, pero sin mucho estudio o análisis. La verdad que esto no está para nada mal, ya que uno de los primeros consejos que les di anteriormente es lanzarse a la piscina sin miedo.

En este caso, el tema está en que no debemos ponernos contentos si ganamos dinero, como tampoco debemos deprimirnos al perderlo. Nuestros primeros resultados seguramente serán producto del azar.

Acá, lo realmente importante es aprender de nuestras experiencias y saber que la inversión es un proceso de largo aliento, en el que deberíamos esperar resultados satisfactorios y consistentes en el tiempo, incluso solo después de una primera década de participar activamente en los mercados financieros. Sí, leíste bien, después de una década.

¿De qué sirven los títulos?

A lo largo de mi carrera, he logrado juntar varios títulos y, además, realizo clases en distintas universidades. Sin embargo, siempre que realicé cursos relacionados a las finanzas e inversiones, al terminarlos me quedaba con un vacío difícil de llenar.

Mi decepción ocurría porque no existía la fórmula mágica para ganar dinero en los mercados financieros. De hecho, una pregunta recurrente que me hacen es ¿dónde puedo encontrar un nuevo curso que me dé más herramientas para ganar en los mercados?

La respuesta es decepcionante. No existe.

Los típicos modelos que enseñan en las universidades, como la Teoría de Portafolio de Markowitz y la evolución hacia el *Capital*

Asset Pricing Model (CAPM) para calcular la rentabilidad que un inversionista debe exigir al realizar una inversión en un activo financiero, sirven para comprender algunas variables relevantes en las decisiones, como riesgo, diversificación y tasas de interés, entre otros.

Lamentablemente, estas teorías y modelos no pueden predecir el futuro de los mercados, por lo tanto, se hace imprescindible comprender variables económicas que cambian constantemente y que, bajo cualquier supuesto, son difíciles de cumplir.

En el extraordinario libro de "Warren y Charlie: lecciones sobre la inversión, los negocios y la vida", de Javier Caballero, entre la enorme cantidad de citas que se incluyen en el texto, destaco la siguiente:

"Para invertir con éxito no necesitas entender la Teoría del Mercado Eficiente, ni la beta, ni la valorización de opciones. De hecho, probablemente te vaya mejor si nunca oyes hablar de esos conceptos. Una universidad sólo debería tener 2 asignaturas para enseñar inversión: Cómo valorar un negocio y Cómo comportarse frente a los movimientos bruscos del mercado".

Por último y no menos importante, en los mercados financieros, a pesar de que se difumina la información, y que ésta rápidamente se incorpora en los precios, permitiendo algún tipo de ventaja, quienes invierten día a día son una masa de personas, de carne y hueso, con sentimientos y diferentes expectativas, que, al interrelacionarse con el resto, naturalmente se impactan y lo retroalimentan. Por la misma razón, es fácil comprender por qué existen las burbujas financieras, así como también los pánicos extremos.

En consecuencia, el tener más o menos títulos no nos hace mejores inversionistas, porque un título académico no nos puede entregar algo que es fundamental en las inversiones: la práctica y la experiencia.

En adición, los mercados financieros evolucionan en el tiempo. Los modelos exitosos de hace 50 años, es muy probable que no funcionen de la misma manera en la actualidad. Si bien el comportamiento de las acciones siempre estará ligado a la capacidad de generación de flujos y las utilidades que puedan obtener las empresas, la consolidación de la industria tecnológica en las últimas tres décadas nos ha restregado en la cara la importancia del crecimiento y que las utilidades llegan con el paso del tiempo.

La importancia de las finanzas conductuales

Warren Buffett tiene una enorme cantidad de citas para enmarcar. Una que me encanta y con la cual comienzo varias presentaciones sobre finanzas conductuales es: "Si los mercados fueran eficientes, yo estaría pidiendo caridad en la calle".

Una de las premisas básicas en el mundo financiero es que los mercados son eficientes. El padre de esta teoría es Eugene Fama, Premio Nobel de Economía, el que ha podido demostrar que no es posible superar de forma consistente los resultados del mercado, excepto por la suerte o la información privilegiada.

Sin embargo, esto asume la existencia de un mercado financiero eficiente con algunas características que se deben cumplir, como una gran cantidad de activos transables, información abundante, pocas barreras de entrada y salida, mucha liquidez y flexibilidad para poder hacer las transacciones.

Cómo podrán anticipar, esto para mí siempre fue decepcionante, ya que, si en las escuelas de negocio cuando llegaba el momento de las clases de finanzas, en especial sobre inversiones, y se comenzaba a hablar sobre la existencia de un mercado eficiente, automáticamente deberíamos marcharnos de esa clase o incluso de esa carrera o post título, para luego abrir una cuenta en un broker, comprar el ETF del S&P 500 y olvidarnos.

Bueno, es lo que muchos asesores sugieren para facilitar el proceso de inversión, pero no lo comparto, ya que requiere tener nervios de acero y estar dispuesto a tener pérdidas en mercados bajistas entre el 40% o 50% y esperar pacientemente una recuperación que puede tardar varios años.

Por otra parte, uno de los padres de las finanzas conductuales, Richard H. Thaler, en su libro "Portarse mal", nos presenta al denominado "Econs" quien vendría siendo el Homo Economicus que reemplazaría al Homo Sapiens. Un ser ficticio, por supuesto, en el cual se basa la teoría económica para darle vida a sus modelos, asumiendo que, a nosotros los seres humanos, nos encanta y buscamos la optimización.

Esto quiere decir que dentro de todos los bienes y servicios que una familia podría comprar, escoge el mejor que se pueda permitir. Asimismo, asume que las creencias a partir de las cuales los "Econs" llevan a cabo sus elecciones son imparciales, es decir, que elegimos basándonos en las denominadas "expectativas racionales".

En resumen, la teoría económica clásica asume que somos robots que tomamos decisiones óptimas y racionales.

Sin embargo, podrán intuir que el mundo está habitado por humanos, en donde existía la necesidad de un enfoque más contundente a la hora de llevar a cabo investigaciones económicas, comprendiendo y haciéndose cargo de las imperfecciones a la hora de decidir por las personas.

Euforia y pánico

Desde otra perspectiva, la de los mercados, quienes hemos estudiado la historia económica y financiera sabemos de la "burbuja de los tulipanes" y el crash del 29, o el crash del 87, o mayormente conocido "lunes negro", en que el 19 de octubre de 1987 el índice estadounidense Dow Jones cayó en un solo día 508 puntos, lo que representó una pérdida del 22,6%. Por si no lo consideró como un dato impactante insisto, la pérdida de 22,6% fue EN UN SOLO DÍA.

Estos comportamientos del mercado no ocurren todos los días, pero cada cierta cantidad de años, vemos precios burbujeantes ante el exceso de optimismo, para luego transformarse en grandes caídas que inundan de pesimismo a los mercados, y que incluso en algunas ocasiones se convierten sencillamente en pánico.

Acá es cuando comienza a relucir toda la sabiduría de Warren Buffett, nuevamente con una frase contundente: "Hay que ser codiciosos cuando los demás son miedosos, y miedoso cuando los demás tienes los ojos inyectados en codicia".

Me atrevo a decir que este es uno de los aspectos más relevantes a la hora de invertir, porque cuando se trata de dinero, en especial de nuestros ahorros y el comportamiento que tenemos ante los mercados financieros, cometemos errores contantes por el miedo y la codicia.

Es habitual que cuando los mercados comienzan a caer, históricamente la prensa económica, y hoy en día las redes sociales, nos inundan de calamidades que nos afectan emocionalmente, como enfrentar de manera racional las entrevistas a economistas, gurús de los mercados y noticias que anticipan una crisis, una recesión económica o incluso una pandemia, como fue el caso reciente, cuando todos vociferan que el futuro es negro.

Este tipo de declaraciones tienen una repercusión enorme porque llaman la atención de los humanos. Es normal que sintamos miedo y que revisemos estas noticias, hagamos click en una red social porque atrae nuestra atención. Es un círculo vicioso que fácilmente puede terminar con el dolor de tener que hacer una pérdida de un 30% o 40% que no queremos mantener, más aún cuando podamos estar en medio del pánico de los mercados.

Pero muy probablemente, con el correr de los días o meses, las cosas comienzan a mejorar, aparezcan los "brotes verdes", comiencen las buenas noticias y esa primera recuperación, suele ser significativa, aunque sin nosotros por supuesto, ya que previamente hicimos la pérdida.

Ahora es cuando nos comenzamos a inundar de titulares llamativos que hablan del optimismo del mercado, de años récords en varias mediciones, una que otra historia de éxito de algún inversionista que logró grandes ganancias o el cambio de paradigma en alguna nueva tecnología, un mercado en crecimiento, la explosión de las materias primas o más recientemente, el futuro de las criptomonedas.

La historia se ha repetido una y mil veces. En ese estado burbujeante de algún instrumento financiero, es cuando muchos inversionistas retail (individuales, personas como tú o como yo) se entusiasman, invierten y están eufóricos por las rápidas ganancias obtenidas. Probablemente invitan a algún amigo o familiar a la fiesta y tienen más de alguna sensación del tipo "Lobo de Wall Street" (créanme, lo he visto), pero al poco tiempo se vuelve a repetir la historia pasada, cuando se comienzan a producir algunas caídas tenues, que al poco tiempo se convierten en una nueva pesadilla.

En consecuencia, las malas experiencias en los mercados financieros se producen por la excesiva actividad de los inversionistas inexpertos. Comprar caro y vender barato, precisamente lo contrario que nos dice que hagamos Warren Buffett y, si bien es necesario manejar conceptos relevantes en los mercados, como la inversión en buenos instrumentos, con buenos fundamentos, con bajos costos de administración y ser mayormente pasivos, el factor emocional es demasiado relevante, porque a pesar de saber que los mercados bajistas pueden ser temporales y debemos aprender a convivir con pérdidas del 30% o 40%, no somos robots, somos seres evidentemente emocionales, en los que tanto el miedo como la codicia, nos ponen a prueba continuamente.

Contrarian Investing

Para finalizar este tema, existe una manera bastante particular, pero efectiva, de ver los mercados.

El "Contrarian Investing" es una estrategia de inversión que se caracteriza por comprar o vender en contraposición al sentimiento predominante del mercado en un momento particular. No es muy diferente al "Value Investing" en el sentido de comprar barato cuando los mercados se desploman y aprovechar oportunidades de buenas compañías que en el corto plazo puedan estar a precios de oferta, o en caso contrario, cuando la euforia es evidente y las valorizaciones se encuentran exigidas, salir huyendo.

Cuando existe un pesimismo generalizado, éste puede hacer que el precio del instrumento financiero sobrestime los riesgos y subestime sus perspectivas a futuro. Por el contrario, el optimismo generalizado puede resultar de valorizaciones o expectativas injustificadamente altas, las que eventualmente conducirán a caídas cuando esas expectativas no se cumplan.

Lo interesante de esta manera de ver los mercados se asocia al típico ciclo asociado a los extremos, ya sea la euforia o el pesimismo. Una señal inequívoca de estos sentimientos del mercado se encuentra en la prensa. Yo personalmente lo he podido constatar en un par de ocasiones, cuando algunas inversiones menos tradicionales se apoderan de los titulares de la prensa no especializada, o incluso, cuando aparece una nota en algún noticiario central que nos muestra la señal de que estamos frente a una típica alerta de "Contrarian Investing".

En 2011, cuando el Oro se empinaba a los US$1.900 la onza, en un nuevo máximo histórico, me entrevistaron para uno de los diarios más leídos de Chile. A todas luces era una señal de cuidado. Se hablaba en ese momento de cuál era la mejor alternativa para invertir en oro, ya sea en lingotes, monedas acuñadas u otros instrumentos financieros ligados al metal dorado. Luego, comenzarían las caídas del Oro hasta aproximadamente los US$1.000 la onza.

En otra ocasión, a fines del 2017, me hicieron una entrevista para un canal de televisión, en que se hablaría del auge de las criptomonedas en una nota del noticiario central, asociado a la gran fortuna que había conseguido una persona de edad avanzada con el Bitcoin, activo que estaba alcanzando un máximo de la época cercano a los US$20.000. Luego, sería el inicio de un desplome del Bitcoin hasta las inmediaciones de los US$3.000.

Estas experiencias con los medios de prensa, se asemejan a cuando hemos visto grandes titulares en los diarios o afamadas revistas. Sin ir más lejos, en 2022 estuvimos en pleno desarrollo de una portada. La revista Time ha tenido un timing perfecto con los mercados y en particular, con las acciones tecnológicas.

En 1999, la revista Time anunciaba en su portada a la persona del año, en ese entonces, Jeff Bezos. Al año siguiente, el índice tecnológico Nasdaq se desplomaba un -39,3%.

En 2010, la persona del año anunciada en la portada de la revista Time era Mark Zuckerberg, por los logros obtenidos con Facebook. Al año siguiente, el Nasdaq caía un -1,8%.

La última portada asociada a una empresa tecnológica ocurrió en 2021, cuando se nombró como la persona del año a Elon Musk, distinción asociada a la admiración generada en torno a Tesla y Space X. La historia se repite, el año 2022 la caída ha sido de proporciones, del -33% para el Nasdaq.

Esto tiene mucho que ver con la historia, cierta o no, de John Davison Rockefeller y su lustrabotas. Se le atribuye al empresario nacido en 1839 en Estados Unidos, que creó durante su vida uno de los imperios petrolíferos más grandes del mundo, Standard Oil, la frase "cuando mi limpiabotas invierte en Bolsa, yo lo vendo todo". Aunque existe una cierta polémica sobre ella, ya que algunos se la atribuyen a otros como Joseph P. Kennedy. Incluso hay dudas sobre si fue pronunciada en realidad.

Esta frase explica de una manera muy ilustrativa lo que ocurre en los mercados alcistas, en donde una idea de inversión se hace popular y está en boca de todos, llegando incluso a que las personas menos informadas inviertan en el mercado.

Entonces, si ya todo el mundo ha invertido en un instrumento financiero en particular ¿quién más va a comprar? ¡Nadie! Y es ahí cuando comienzan las primeras ventas y se da inicio a un nuevo ciclo bajista.

La Falacia del interés compuesto

Cualquier persona que trabaje en finanzas y, específicamente en inversiones, sabe que el interés compuesto es el principal responsable de la acumulación de dinero a través del tiempo.

El cálculo es simple, si inviertes $100 y obtienes un 10% de interés anual, al final del periodo acumularías $110. Si retiras los $10, vuelves a invertir los $100 y al final de un nuevo año volverías a obtener $10 por el capital invertido inicialmente. En consecuencia, si retiramos los $10 de ganancia cada año, estamos hablando de interés simple.

Sin embargo, la magia del interés compuesto radica en que, al reinvertir la ganancia, al final del primer año tendremos $110 de capital inicial para el segundo periodo, que al obtener una rentabilidad del 10%, se traduce en una nueva ganancia anual ahora de $11. De esta manera, al año siguiente comenzaríamos con $121, y así sucesivamente a lo largo del tiempo. En los primeros años de operar con interés compuesto, la curva ascendente es de alguna manera "normal", pero a lo largo de los años, y yo diría desde que se supera la barrera de los 20 años, la pendiente de la curva se torna vertical.

El ejemplo más espectacular del que hemos podido ser testigos en las últimas décadas es el del holding de inversión de Warren Buffett y Charlie Munger. En el libro "La Universidad de Berkshire Hathaway", de Los autores Daniel Pecaut y Corey Wrenn realizan un ejercicio interesante al inicio de cada capítulo. Mencionan en cuanto se habría convertido US$1 invertido en 1964, cuando comenzó la sociedad de inversión de Warren Buffett, respecto al año en que se participó de la junta de accionistas, análisis que contempla las 3 décadas en que participaron de estas juntas entre 1986 y 2017.

De esta manera, al considerar US$1 invertido en 1964, en 2017 valdría US$19.726. Además, en cada capítulo realizan el cálculo del retorno anualizado, que en 2017 fue de un 19%, cuando en el mismo periodo, el S&P 500 obtuvo un retorno anualizado del 9,7%.

Entonces ¿por qué hablamos de la falacia del interés compuesto? Muy sencillo, porque lamentablemente, muchos autores que enseñan sobre finanzas personales, realizan cálculos maravillosos a 30 o 40 años, en que con el solo hecho de ahorrar e invertir en una cartera diversificada de acciones, podremos conseguir la ansiada libertad financiera y muy probablemente, construir un patrimonio superior al millón de dólares.

Sin embargo, la matemática es simple y no se puede contradecir, por lo que, estos cálculos son correctos. No obstante, por haber nacido en 1980, soy parte de una mezcla entre Generación X y Millennials, y uno de los aspectos que caracteriza a los millenials es el hambre de inmediatez. Así que, hablar de un plan de ahorro a 30 años o más, puede ser algo frustrante en mi caso, y seguramente también lo es para muchos de los lectores de este libro.

Finalmente, es por este motivo que en todos los cálculos matemáticos que he realizado para conseguir seguridad o libertad financiera, me aprovecho de los beneficios del interés compuesto, pero realizo simulaciones a un menor plazo, el que no debería exceder de los 20 años.

CAPÍTULO XI
INVERSIÓN INMOBILIARIA: LA VÍA INTERMEDIA

El poder del apalancamiento

En Chile, a lo largo de la última década, hemos podido ser testigos de una enorme construcción de patrimonio por parte de una cantidad considerable de inversionistas inmobiliarios. El aumento de precios de las propiedades ha sido significativo a raíz del desarrollo económico, el aumento en los ingresos de las personas, las inmejorables condiciones financieras, el avance de la inmigración y las alternativas favorables para comprar a plazo, todas en conjunto permitieron este milagro para muchas familias, las que pudieron avanzar rápidamente en la creación y fortalecimiento de su patrimonio.

Asimismo, en los últimos años se masificó la popularidad de Robert Kiyosaki, conocido por ser un inversionista inmobiliario y por sus enseñanzas en torno a la libertad financiera y la creación de ingresos pasivos. En tanto, la discusión sobre las pensiones y lo insuficiente que serían para muchos ha motivado a las personas a tomar acción y adquirir propiedades para complementar sus jubilaciones en el futuro.

En mi caso, mi primera propiedad la compré relativamente tarde, cuando cumplí los 30 años. Estaba muy presente en mi cabeza la necesidad de adquirir algo mío, dejar de pagar arriendo para pasar a ser propietario, comenzando a pagar una hipoteca. Fue algo bastante innato, por ser algo importante para mi familia y la sociedad en su conjunto, con la lógica del "sueño de la casa propia", un anhelo muy arraigado en nuestra cultura. En consecuencia, no hubo mucho valor en mi decisión de adquirir una propiedad, sin embargo, aproveché la situación para evaluar muchas alternativas, precios, diseños, ubicaciones, ventajas y desventajas de cada opción. En definitiva, mi alma de analista y estudioso de temas financieros comenzaron a relucir.

Así fue como hice una muy buena inversión, ya que, si bien cumplía el objetivo de ser un lugar muy agradable para vivir, desde ese minuto estuvo muy presente el potencial que debía tener la propiedad, principalmente por la plusvalía del sector en que se ubicaba. No obstante, también cometí un gran error (que a la vez me sirvió como aprendizaje), al no adicionar un estacionamiento a mi primer departamento, siendo que literalmente era un regalo y luego se multiplicó su valor ¡por cinco veces!

Ahora, respecto a mi carrera laboral, ésta comenzó relativamente tarde en el ámbito corporativo, ya que previamente ya llevaba varios emprendimientos a mi haber, razón por la cual demoró en llegar ese primer departamento, por el requisito fundamental de tener ingresos estables y un cierto respaldo económico que lo da precisamente el ser empleado.

Con todo esto, el primer consejo que les puedo dar, al igual como lo hice en su minuto, es que apenas tengan la capacidad financiera para adquirir una hipoteca, lo hagan. El valor que tiene el apalancamiento financiero en la construcción de patrimonio, es demasiado importante y por falta de educación financiera, no se logra comprender rápidamente.

Sin lugar a dudas, mi primer departamento no cumplía con las características para ser el lugar donde viviría para siempre. Tenía poco más de 30 metros cuadrados, con un dormitorio, un baño, una pequeña terraza, en el Barrio Bellas Artes de Santiago Centro. No era el lugar donde me proyectaba familiarmente, cuando por supuesto ya era padre de un hijo de 9 años. Sin embargo, no dudé en comprarme una propiedad apenas pude para aprovechar mi capacidad de endeudamiento.

Este es el consejo que siempre le doy a las personas jóvenes, ya que, si esperan el momento ideal para comprarse la propiedad de sus sueños, probablemente nunca llegue.

Con el incremento en los precios de las propiedades y la disminución en los metros cuadrados construidos, se hace muy difícil en los primeros años de nuestra vida laboral adquirir una propiedad de referencia para vivir, como la que puedan tener nuestros padres. Pero la ventaja de adquirir una propiedad de inversión, es que, si los precios siguen subiendo, la propiedad que nosotros hayamos adquirido, también se verá beneficiada por el aumento de precios.

Por lo tanto, cuando de verdad podamos o queramos comprarnos nuestra vivienda "definitiva" (en estos tiempos, ya no creo que exista este concepto, y ya hablaremos de eso), podremos eventualmente echar mano a las propiedades de inversión que hayamos adquirido previamente. De hecho, fue exactamente lo que a mí me pasó, luego de adquirir una segunda inversión inmobiliaria de similares características que la primera, éstas se convirtieron en el capital necesario para comprar nuestro departamento donde vivimos lindos 6 años en familia.

La magia del apalancamiento en su máxima expresión

Pasemos a lo complejo, que, en este caso, son números difíciles de visualizar a la rápida. Cuando se adquiere una propiedad, habitualmente debemos poner entre un 10% y 20% de pie, el que puede variar en función de las condiciones financieras del momento y una que otra "triquiñuela" que se utiliza para financiar un mayor porcentaje de la propiedad.

En este punto, para muchas personas podría ser totalmente contra intuitivo adquirir una deuda mayor. ¿Por qué debería aumentar al máximo mi deuda? ¿Por qué mejor no doy un pie más elevado? ¿Me ahorraría intereses en el tiempo? Estas preguntas son adecuadas, pero si no nos asesoramos bien (generalmente por algún familiar), se podrían transformar en típicos errores financieros que idealmente debemos evitar.

Para ejemplificar este punto de una manera que se pueda comprender más fácilmente, debemos hacer algunos números y realizar varios supuestos, que, en mi caso, trato siempre de ser lo más conservador posible.

Si una propiedad vale 100 y debemos colocar 10 (el pie), la institución financiera a la que acudimos nos prestaría 90. Como esta propiedad estaría destinada a la inversión, a quien le arrendemos la propiedad nos debería pagar una buena parte, sino todo el dividendo mensual comprometido con la institución financiera que nos prestó el dinero (luego explicaremos esto en detalle).

Lo que en definitiva mueve la aguja en la inversión inmobiliaria, y la razón de porque puede ser más rentable que la inversión financiera, es lo siguiente: Deuda + Tiempo.

Asumamos que los precios de las propiedades aumentan un 2% anual. Ni siquiera nos compliquemos con el interés compuesto, asumamos que es interés simple por los próximos 5 años, es decir, las propiedades aumentan un 10% en el próximo lustro. Recordemos que la propiedad originalmente valía 100 y que habíamos desembolsado 10 de pie. Luego de transcurridos los siguientes 5 años, la propiedad aumentó un 10% de valor a los 110, por lo tanto, al haber desembolsado en un inicio 10, nuestra rentabilidad pasa a ser del 100% en los 5 años.

Ahora, realicemos dos variaciones, una con un pie del 5% y otra con un pie del 20%.

En el primer caso, con un pie del 5%, la inversión inicial es de 5 y la ganancia de 10, por ende, la rentabilidad en 5 años se incrementa a un 200%. En cambio, si aportamos un pie del 20%, es decir 20 y luego de los 5 años obtenemos el incremento de precios de 10, la rentabilidad se situaría en el 50%. En estas modificaciones al ejemplo original, podemos observar el impacto que tiene un mayor o menor apalancamiento (deuda).

Así entonces, una mayor deuda tendría un impacto en el incremento del dividendo a pagar mensualmente a la institución financiera por el préstamo. Sin embargo, la magia de la inversión inmobiliaria se basa en que el capital y los intereses los termina pagando mayoritariamente el arrendatario de la propiedad. En la época dorada que vivimos en Chile, esto era la regla general (no la excepción), a raíz de las bajas tasas de interés y las favorables condiciones financieras al poder entregar poco pie y tomar créditos a incluso 30 años de plazo, con lo que ocurría que, entre el valor del arriendo y el dividendo a pagar, incluso quedaba un extra para gastos de administración, reparaciones, arreglos, periodos de vacancia, contribuciones, etc.

Por otra parte, el factor tiempo y la magia del interés compuesto se pueden observar de mejor manera en la inversión inmobiliaria. Cuando se obtiene un retorno del 2% en un plazo acotado de 5 años, probablemente no se ve una gran diferencia entre el interés simple y el interés compuesto. En cambio, si ampliamos el plazo a 10 o 15 años, manteniendo un incremento esperado de precios del 2%, podremos ver cómo el interés compuesto realiza su magia.

Esto es posible y más evidente en la inversión inmobiliaria, ya que las propiedades no se compran y venden en cosa de segundos, como se hace con la inversión financiera, por ende, muchas veces no se logra percibir la importancia del tiempo y la magia del interés compuesto al invertir en instrumentos financieros.

Por esta razón, todos hemos conocido o escuchado más de alguna vez, a nuestros padres o el caso de familiares a los que les ha ido muy bien en la inversión inmobiliaria, principalmente porque han podido materializar grandes ganancias gracias al interés compuesto.

Hablemos de rentabilidad

Para poner en contexto las diferentes vías para construir patrimonio, es necesario comparar rentabilidades, lo que en definitiva permite comprender la razón de por qué una vía es más rápida que la otra.

Este libro trata acerca de finanzas personales, algo que nos permite comprender ciertos conceptos, replantearnos la manera de pensar sobre el dinero y construir un plan financiero, pero no se trata de convertirnos en inversionistas. Eso vendrá más adelante, con nuevos libros que espero escribir sobre temas más específicos.

Por la misma razón, cuando se trata de hablar de inversión inmobiliaria, generalmente comenzamos a invertir en propiedades para arriendos, comúnmente cerca de donde vivimos. Luego pasamos a evaluar la inversión en locales comerciales u oficinas, para posteriormente invertir en fondos de desarrollo inmobiliario y por qué no, posteriormente comprar propiedades en remate o incluso comprar terrenos y construir viviendas. Este es un proceso de aprendizaje y crecimiento en el rubro inmobiliario, que va acompañado de diferentes niveles de riesgo, así como también, diferentes retornos esperados.

Si nos concentramos solamente en la inversión inmobiliaria en departamentos para arriendo, la clave estará en el precio al cual compramos, el potencial de desarrollo de la zona en que invertimos, así como también esto podría ser potenciado por una tasa de interés atractiva, dependiendo de las condiciones financieras del momento.

En la época dorada que vivimos en Chile, con aumentos de precios de las propiedades superiores al 5% anual y condiciones financieras muy favorables, los retornos anuales de la inversión inmobiliaria se encontraban entre el 15% y 20%, algo absolutamente anormal para este tipo de inversión inmobiliaria.

Teniendo en cuenta todas las variables que afectan el retorno de la inversión, podemos decir que niveles más normales se situarían entre un 10% y 15%, algo que de todas formas sería bastante superior a los retornos promedio de los instrumentos financieros, como acciones o fondos accionarios.

Sin embargo, cuando avanzamos en conocimiento, experiencia y patrimonio para invertir en el mundo inmobiliario, los retornos deberían converger al 15% a 20% anual, en donde el factor apalancamiento es determinante para estas mayores rentabilidades.

Por estos motivos, lo que desde hace décadas nos ha enseñado Robert Kiyosaki, sin duda es la vía intermedia para acelerar nuestra construcción de patrimonio y acercarnos a la Libertad Financiera.

CAPÍTULO XII
EMPRENDER: LA VÍA RÁPIDA

Rápido, nunca fácil

Siempre he emprendido. Desde muy pequeño comencé a trabajar y desde ese momento, rápidamente me convertí en emprendedor sin saberlo. Las primeras fiestas en que puse música deben haber sido entre los 12 y 13 años. Rápidamente, cualquier ingreso que obtenía lo ahorraba para poder comprarme equipos de música e iluminación. No me demoré tanto tiempo en lograr un set básico para amplificar fiestas, por lo tanto, además de ofrecer mis servicios de Dj, al tener equipos, los podía arrendar como un pack en las fiestas donde ponía música.

El emprendimiento funcionó y a los pocos años debía arrendar equipos de mayor envergadura, así como también "contratar" a mis amigos para que me acompañaran a las fiestas. Ya tenía entre 14 y 15 años, y me paseaba todos los fines de semana por matrimonios, fiestas de adolescentes e incluso fiestas universitarias que terminaban a altas horas de la noche. Lo pasábamos bien, al ir acompañado de amigos, me dejaban trabajar mis padres sin problema y además ganábamos dinero con un emprendimiento que crecía bastante rápido.

Fue cosa de tiempo en que logré adquirir una cantidad relevante de equipos, hasta que se me abrió la posibilidad de implementar una discoteque en la que a su vez yo era el Dj, por lo tanto, se mantenía la lógica de recibir ingresos por el arriendo y por mi tiempo. En ese momento ya estaba en la universidad y me tenía que dividir entre los estudios, el deporte, que siempre fue un hobby que mantuve, el trabajo y, por supuesto, la diversión.

Era una época fantástica, ya que obtenía muy buenos ingresos y a los 18 años ya era muy independiente. Pero claramente me fui cansando, lo que más me afectaba era no poder disfrutar las fechas importantes, entre cumpleaños, Fiestas Patrias o Año Nuevo, en que siempre debía trabajar. Además, en esa época universitaria, la diversión no faltaba y en muchos casos me perdía momentos importantes con mis amigos.

Luego, a los 21 años, la paternidad llegó a mi puerta y el agotamiento se hizo más notorio. El emprendimiento fue perdiendo fuerza, ahora que tenía un evidente cambio de prioridades, ya que las responsabilidades familiares eran menos compatibles con el trabajo de noche y fin de semana. Por ese motivo, me terminé hastiando y no valoré lo que había construido.

En ese momento, en torno a mis 23 o 24 años, no había leído libros de finanzas personales y no me di cuenta que tenía un gran activo que me podría haber proporcionado ingresos pasivos por mucho tiempo, como habría sido el arriendo de equipos de sonido e iluminación.

Cuando se habla de ingresos pasivos, se entiende rápidamente el concepto al tener una propiedad y arrendarla. Efectivamente, la posibilidad de arrendar cualquier activo permite que se convierta rápidamente en un generador de ingresos pasivos y, en mi caso, el haber mantenido el arriendo de equipos de sonido e iluminación, hubiese sido un gran activo que me podría haber permitido muy buenos ingresos pasivos, ¡pero en ese momento no lo sabía!

Muchas veces cuando se habla de ingresos pasivos, lo más conocido es el arriendo de propiedades. Al fin y al cabo, se trata de arrendar un activo, el que perfectamente podría ser el arriendo de disfraces, juguetes inflables para cumpleaños de niños o el arriendo de maquinaria para la construcción.

De hecho, las inversiones en cualquiera de estos ejemplos, son mucho menores que la compra de una propiedad y a su vez se obtienen rentabilidades muy superiores. Sin embargo, son negocios más complejos, en donde la venta es más recurrente, por lo tanto, exige más habilidades de marketing y ventas, así como también requieren de más tiempo y, como contraparte, el deterioro de los activos es mayor, lo que implica que llegado cierto momento, deberán ser reemplazados.

Marketing multinivel

Con orgullo puedo decir que trabajé por más de un año en una conocida empresa que vende nutrición saludable. El modelo de negocios es alucinante para la empresa que vende estos productos, pero, no es tan alucinante para quienes son parte de la red de distribución.

En mi experiencia personal, se fomentaba mucho el marketing multinivel como una especie de emprendimiento o negocio, en que uno se convertiría prácticamente en empresario y dirigiría a otras personas para generar regalías. Esto es así, pero depende de un componente central, que es la venta de los productos.

Sin embargo, se fomentaba muchísimo en los distribuidores que recién comenzaban la compra de montos importantes de stock, como una inversión inicial, bajo el argumento que haría a las personas avanzar más rápido. Como esto aceleraba el proceso, se incentivaba a muchas personas a hacerse de un stock, que luego tenían que vender, pero esto no ocurría con la misma velocidad y, por lo tanto, se terminaban acumulando mes a mes grandes cantidades de stock que no se vendían.

De esta manera, este negocio va acompañado de algo que considero cambió mi vida. Hay un antes y un después de esta experiencia. Literalmente, cambió mi manera de pensar y por lo mismo, soy un agradecido de lo que viví durante este intenso periodo. Solo por nombrar algo, los seminarios en los que participaba los fines de semana, enfocados en el liderazgo y crecimiento personal, ¡eran increíbles!

Antes de esta experiencia, en el colegio y la universidad, lo pasaba pésimo realizando presentaciones a mis compañeros. Por la necesidad de vender los productos y compartir conocimientos con el equipo que estaba liderando, era imprescindible tener que hablar en público y mejorar mis habilidades comunicacionales. Quién hubiese pensado que esta experiencia sería el paso previo para luego convertirme en expositor habitual, realizando en promedio unas 10 charlas semanales y hablar en los medios de comunicación acerca de economía e inversiones.

Ahora bien, mi pasión por los libros comenzó en este periodo, relacionado principalmente al crecimiento personal y, más importante aún, en el momento en que llegó a mis manos el libro "Padre Rico, Padre Pobre". Desde este momento, he defendido la idea de que los nuevos conocimientos y habilidades que debemos desarrollar, idealmente desde el colegio son: las ventas, emprender, habilidades comunicacionales y por supuesto, las finanzas personales.

Sin embargo, esta etapa no terminó muy bien económicamente, ya que no gané mucho dinero, pero el desarrollo personal fue increíble, lo que terminó siendo una excelente inversión de largo plazo.

Hasta ahora, probablemente ha sido el negocio más rentable en el que he participado y que permitió sembrar la semilla de los cambios más profundos relacionados a mi mentalidad.

Ruvix

El ADN emprendedor siempre lo he tenido. Gran parte de mi familia lo ha sido toda la vida y en particular, mi padre, siempre fue un soñador y emprendedor de tomo y lomo. Con sus luces y sombras, buenos y malos negocios, siempre se las arregló para sacar adelante a nuestra familia y por, sobre todo, gracias a su gran esfuerzo, inculcó en mí valores imborrables.

Me hubiese encantado que pudiera haber alcanzado a leer este libro, pero falleció mientras lo escribía. Sin duda me habría criticado. Me costó entenderlo, pero era una muestra de su preocupación constante, sumado a querer que siempre pudiera rendir al máximo.

Por la misma razón, me demoré en emplearme y a pesar de trabajar en algo que me apasionaba y siempre quise hacer, el bichito de emprender siempre estuvo. Se dio una oportunidad nuevamente cuando estudiaba el Magíster en Dirección Financiera en la Universidad Adolfo Ibáñez (UAI).

Como suelen comenzar los negocios, en torno a un café y hablar de cosas que podrían ser triviales, con mi compañero en ese entonces y actual socio, nos dimos cuenta que había una necesidad insatisfecha.

Él era un joven inversionista al que sus amigos le preguntaban constantemente dónde colocar sus ahorros. Siendo informático de profesión, se dio el tiempo e invirtió en educarse en finanzas para administrar de mejor manera su patrimonio.

En mi caso, como profesional de la industria financiera y autodidacta en muchos tópicos relacionados a la economía, inversión y finanzas personales, el paso natural era conseguir una maestría que validara mis conocimientos.

Una de mis tareas principales en mi cargo de Gerente de Estudios, era hablar con la prensa y dar entrevistas sobre la actualidad económica y de inversiones. Trabajaba en una empresa que ofrecía derivados financieros, productos de inversión muy complejos que en muchos casos no tenían nada que ver con hablarle en simple a las personas que nos escuchaban en la radio o nos veían en la televisión. De hecho, los periodistas, con los cuales comencé a entablar una linda relación, constantemente me pedían hablar en fácil a las personas, lo que me fue posible al desarrollar habilidades comunicacionales tanto en la docencia como en la vocería.

En consecuencia, ese café que nos tomamos con mi compañero derivó en un almuerzo para profundizar en la idea de negocio. Diseñar un servicio que pudiera entregar soluciones de ahorro e inversión, pero ampliarlo a todo el espectro de las finanzas personales, un acompañamiento en cada decisión financiera de nuestros futuros clientes, con independencia y a un precio accesible. En definitiva, llegar con asesoría financiera para un amplio espectro de la población con un acompañamiento de valor.

Así nació Ruvix, como un emprendimiento en mis horas libres, con mi señora y mi socio que daban vida a esta loca idea de asesorar a personas en sus finanzas personales, con independencia y a un precio accesible.

Empezamos a vender de inmediato y pudimos reconocer que había un mercado potencial que se interesaba en el servicio, por lo tanto, no fue tan difícil tomar la decisión de salir de la comodidad de un empleo tradicional y arriesgarse a emprender.

Sin embargo, como todo emprendimiento, ha sido duro, no exento de problemas y desafíos que hemos ido superando. Un par de veces estuvimos a punto de bajar la cortina, porque hemos sido fieles a nuestra propuesta de valor, de ser independientes y agregarles valor a nuestros clientes, a bajo costo, lo que obviamente se convierte en un desafío a la hora de ser rentables, por la necesidad de alcanzar un tamaño relevante que suele tardar más de lo que uno quiere y espera.

A pesar de esto, hemos logrado seguir creciendo y fortalecernos en el tiempo, hasta dar un salto cualitativo y cuantitativo que nos energiza y nos lleva al siguiente nivel, que paso a contarles a continuación.

Patrimore

El origen de Ruvix se inspira en el cubo Rubik. Fue un juego de palabras que se le ocurrió a mi socio en relación con la complejidad de armar el famoso cubo multicolor creado en la década de los 70's y popularizado en los 80's.

Como las finanzas personales también pueden ser difíciles de ordenar, nos pareció una idea increíble de hacer esa conexión, pero finalmente nunca potenciamos la marca, no la explotamos como debíamos y no se convirtió en un distintivo memorable que nos sumara demasiado.

En 2021 se concretó la incorporación de nuevos socios, nuevos aires, nuevas ideas y una energía renovada que nos permitió contratar a una reconocida agencia de marketing que nos ayudó a redefinir nuestra esencia de marca, momento perfecto para preguntarnos si seguíamos con la marca Ruvix, o enfrentábamos los nuevos desafíos y el crecimiento que queríamos materializar con una nueva vestimenta.

Después de varios debates y conversaciones, la marca elegida fue Patrimore, que define de mejor manera lo que hacemos y como nos queremos ver de cara a nuestros clientes, en un renovado ambiente digital, con una propuesta de valor fortalecida y convencidos de conquistar el mundo, ayudando a las personas a tomar mejores decisiones financieras.

El valor de una empresa se mide en diferentes dimensiones, pero la clave está en impactar al mercado con un producto atractivo, que agregue valor a sus clientes y que por supuesto sea rentable. Sin embargo, hoy en día, y el desafío a futuro es que además de ser rentable, tenga un impacto positivo en la sociedad. Si logramos eso, la rentabilidad financiera vendrá por añadidura.

Estamos convencidos que tenemos entre manos un servicio de gran valor que, en principio, todo Latinoamérica debería utilizar dentro de los servicios por los cuales pagar. Educación financiera de calidad a precios accesibles, acompañado de asesoría personalizada que permita tomar mejores decisiones, evidentemente debería tener un impacto en abrir posibilidades a las personas, que se desarrollen, crezcan y disminuyan sus temores asociados al dinero.

En consecuencia, estamos convencidos de aportar a las personas, su desarrollo y, en definitiva, mejorar la vida de cada uno de nuestros clientes.

Hablemos de rentabilidad

Teniendo en cuenta las rentabilidades que uno puede conseguir como empresario, dueño de un negocio, obviamente deberíamos obtener rentabilidades por sobre el 20% o 30% anual. Sin embargo, esto podría ser evaluado en dos dimensiones.

- **Evento de capital**: Las empresas, primero que todo deben sobrevivir. Luego, crecer y ser rentables, lo que las hace atractivas para inversionistas que puedan sumarse al proyecto y multiplicar por varias veces el tamaño de la compañía.

Hace algunas décadas, el objetivo principal de cualquier dueño de una empresa en crecimiento era la apertura a Bolsa. Pero en los últimos años, con el desarrollo de negocios tecnológicos, intensivos en capital en los primeros años y que evitan las complejidades y requisitos necesarios para abrirse a Bolsa, se realizan rondas de inversión en que, a través de fondos, como de venture capital o inversionistas ángeles, se capitaliza una empresa para hacerla crecer y en un futuro, no tan lejano, poder vender la empresa o una parte de ella.

Cuando el empresario vende un porcentaje de su negocio, se le denomina "evento de capital", en que, dependiendo del tamaño de la empresa, se puede traducir en una significativa cantidad de dinero. El socio fundador o dueño de la empresa, puede "hacer caja" y disminuir su riesgo.

Pensemos en que una empresa fue creada con US$10.000 y al cabo de 10 años pudo ser vendida en US$700.000, el retorno anualizado de esta inversión, sin contar todo el tiempo destinado a hacer crecer a la empresa, es del 53%. Ahora, es esperable que, en ese período, el socio fundador haya percibido además rentas por su trabajo.

- **Capacidad de generar ingresos constantes en el tiempo:** Existen negocios capaces de generar utilidades después de un cierto periodo y que probablemente, no tienen el potencial de crecimiento exponencial que amerita retener sus utilidades para reinversión o, porque simplemente a su dueño no le interesa expandirlo más allá de un cierto tamaño con el que se siente cómodo.

Este tipo de negocios probablemente no nos convertirá en millonarios, pero puede ser mucho más rápido en entregarnos la libertad financiera que deseamos. Si el modelo de negocios que creamos, nos genera utilidades constantes que permitan financiar nuestro estilo de vida, pero, por sobre todo, sin la necesidad de estar encima de la operación ¡Lo hemos logrado!

De todas maneras, es necesario evaluar cuál es el patrimonio necesario para generar esos ingresos pasivos. Si la empresa tiene un patrimonio de US$50.000 y genera ingresos pasivos por US$20.000 anuales, el ROE es del 40%. Esto lo debemos evaluar separando los ingresos que podamos obtener como trabajadores de la empresa, que debería ser remunerada con un sueldo mensual acorde a los precios de mercado.

Es difícil darle en el clavo a la primera que emprendamos. Probablemente queramos cambiar el mundo y crear un nuevo producto revolucionario. Sin embargo, soy un convencido de que debemos buscar la manera de hacer algo, que demande poco tiempo y que nos genere unos primeros ingresos de la forma más pasiva posible.

Uno de los tantos libros que he leído decía algo así como, por qué no nos dedicamos a acumular diferentes ingresos, en vez de la tradicional acumulación de deudas. Debería convertirse en un hobby el crear un ingreso diferente cada año, aunque sea de US$100 mensuales.

En general, los emprendimientos suelen requerir de nuestro tiempo para obtener esos ingresos extras que buscamos. Pasamos de la E (Empleado) a la A (Autoempleo) del Cuadrante del Flujo del Dinero. Es perfecto comenzar de esa manera, pero para que podamos dar el salto a la creación de un sistema o negocio que no requiera de nuestro tiempo, necesariamente el emprendimiento debe tener características de escalabilidad.

Es bueno estar constantemente pensando en negocios que requieran de nuestro tiempo una vez, y luego se puedan replicar para que genere nuevos ingresos constantes. Todo lo que sea creación de contenido, tiene esa ventaja, más aún en los tiempos que corren en que internet facilita mucho la comercialización de este tipo de productos.

Como lo he comentado anteriormente, todo lo relacionado a arriendos, a pesar de ser intensivo en capital (inversión inicial), también representan negocios atractivos, que acompañados de un buen servicio, pueden ser muy rentables.

CAPÍTULO XIII
ENTREVISTAS

Casos reales

Tres viajes extraordinarios

Antes de terminar este libro, consulté en mis redes sociales sobre qué les gustaría leer a las personas en relación con las finanzas personales y todos los conceptos que hablamos en estas páginas. Fue una tremenda y grata sorpresa la cantidad de respuestas, el entusiasmo sobre el tema y la gran cantidad de ideas que me dieron. Lo agradezco enormemente y ese listado de ideas se ha convertido en un tesoro al cual espero seguir recurriendo en el futuro, para tratar de dar respuestas a todas esas inquietudes.

Yo ya tenía en mente escribir un libro sobre cómo generar riqueza y contar historias de éxito de personas que han construido un gran patrimonio a lo largo de sus vidas. Este tipo de experiencias genera mucho interés, pero fue mucho mayor el entusiasmo por conocer historias de gente "común y corriente", que ha podido obtener logros importantes con sus finanzas personales.

Tengo la suerte de estar asesorando personalmente a clientes de carne y hueso desde hace más de 8 años, pudiendo conocer de cerca sus necesidades, objetivos y cambios importantes en periodos bastante acotados. Ahora bien, tengo la sensación de que la mayoría de las personas no sabe que existen estas historias de éxito más "terrenales" o cercanas, y que de verdad es posible conseguir grandes logros si uno se lo propone y toma las decisiones correctas. En el mejor de los casos, creen que la obtención de avances importantes en las finanzas personales ocurre en plazos más largos, o que definitivamente no es posible mejorar nuestra situación económica.

A la hora de elegir los casos que les presentaré a continuación, que, por supuesto mantendré su confidencialidad, debían tratarse de personas sin un gran patrimonio antes de iniciar su recorrido hacia logros relevantes en la búsqueda de libertad financiera. Sabiendo esto, lo importante de estas historias es saber cómo iniciaron este camino, las dificultades que tuvieron que superar y en qué situación se encuentran actualmente, además de cómo se proyectan a futuro.

A pesar de conocer de cerca cada una de estas historias, me encontré con más de alguna sorpresa en las entrevistas que les hice. En algunos casos interpretaré las conversaciones que tuve para resaltar algunos conceptos o enseñanzas que considero relevantes desde el punto de vista pedagógico, así como en otros casos, replicaré de manera textual parte de las entrevistas que tuve.

Además, la elección de las historias de éxito que les presentaré tiene directa relación con las diferentes vías para conseguir nuestros objetivos financieros, las que denomino la vía lenta (inversiones financieras), la vía intermedia (inversión inmobiliaria) y la vía rápida (emprendimiento o creación de negocios).

Primera entrevista: Un difícil comienzo

Mi primer invitado es un venezolano de 40 años que tiene 2 hijos, informático de profesión, que tuvo que emigrar de su país como muchos otros, buscando una mejor calidad de vida, encontrando en Chile las oportunidades que necesitaba.

Rápidamente se pudo establecer en Chile, obteniendo un buen nivel de vida gracias a sus ingresos, lo que le permitió adquirir con un crédito hipotecario un cómodo departamento. En paralelo, comenzó a utilizar las abundantes tarjetas de crédito que otorgan los bancos a personas de ciertos ingresos hacia arriba.

El inicio de esta historia comienza entre fines de 2017 y principios de 2018, con deudas de consumo por aproximadamente $45.000.000 y un patrimonio negativo de $25.000.000, esto a pesar de tener una propiedad a su haber. En concreto, las deudas superaban sus activos.

En esa época nuestro invitado se acercó a nosotros buscando asesoría, mientras ya estaba emprendiendo en la minería de criptomonedas, con una elevada inversión en computadores financiados con deuda. Lamentablemente, su iniciativa finaliza sin mucho éxito debido al desplome del Bitcoin después de alcanzar un máximo histórico de US$19.567 en enero de 2018, para desplomarse posteriormente hasta los US$5.000.

Con ingresos mensuales por $2.800.000 (que es bastante para la realidad chilena), pero con pagos mensuales de su deuda en torno a $1.800.000, la verdad es que se le hizo imposible avanzar. Es más, en esas condiciones, su realidad era más parecida a retroceder, con la natural frustración que conlleva esa situación. Adicionalmente, no tenía la mentalidad necesaria para dejar atrás ciertos comportamientos y realizar cambios drásticos en sus hábitos de consumo, en definitiva, pensar de una manera diferente. En este contexto, finalizamos un primer ciclo de asesoría y nos alejamos.

Ya les comentaré más adelante cómo siguió la historia, pero es importante realizar una pausa y concentrarnos en algunos conceptos importantes que pude extraer de la entrevista.

La importancia de la familia y la educación financiera

Una de las primeras preguntas que realicé a cada uno de los entrevistados, estaba relacionada a la historia, al pasado, al cómo nos hemos relacionado con el dinero a lo largo de nuestras vidas.

En este caso, desataca rápidamente la falta de educación financiera y, en cierta medida, la falta de conciencia respecto al dinero, asociada principalmente a los comportamientos observados en su madre.

"La influencia más grande que tuve fue ver día a día como mi mamá hacía uso del sueldo. Ella estaba muy pendiente de su círculo cercano, de sus hermanas, sus sobrinas, a las que no les importaba mucho cómo usar la plata. Salía en las festividades navideñas a dar regalos, ayudaba a cualquier persona de la familia que lo necesitara, sin importar si tenía o no, llegando al punto de no tener plata y sencillamente apelar a las tarjetas de crédito o sencillamente iba con mi papá a pedir más plata. Con sus hijos era de una manera parecida, sobre todo conmigo, yo pedía y mientras cumpliera con mis deberes y mis estudios, me daba prácticamente lo que fuera y no había límites. De alguna manera, yo también fui dando o gastando dinero sin importar si me quedaba sin nada a fin de mes".

En la mayoría de los libros de finanzas personales, donde destaca el título "Los secretos de la mente millonaria", de T. Harv Eker, el comportamiento o mentalidad es una variable fundamental en nuestra historia personal y se relaciona directamente en cómo se comportaban nuestros padres o familiares cercanos durante nuestra crianza. Cuando uno analiza su realidad financiera actual y hace el ejercicio de mirar hacia atrás, muchos de los defectos y virtudes relacionados al dinero se relacionan a la familia.

En el caso de nuestro primer invitado, también ha jugado un rol importante el contexto en el que vivía, teniendo en consideración que emigró de un país como Venezuela, en donde era posible tener una cierta calidad de vida acomodada (hasta cierta época), con pocos recursos.

"Por otro lado, el haber vivido en Venezuela es parte de no tener esa educación financiera. Era muy poco, solo algunas conversaciones con colegas y amigos. El preocuparse por hacer un presupuesto, un

pequeño fondo de emergencia o de ahorro, no era un tema de conversación. El país nos daba prácticamente todos los servicios, incluida la bencina, que era subsidiada por el Estado. Entonces, ¿para qué voy a sacar un presupuesto de servicios, si representa poco o nada? Ibas a comprar pan y con el vuelto te servía para llenar el estanque completo del auto, o te servía para pagar el agua o la luz. No nos importaba si quedaba plata o no, porque en algún momento, con lo poco que te quedaba podías pagar eso".

A continuación, para conocer de primer mano la experiencia de nuestro entrevistado, les expongo algunas de las preguntas y respuestas de nuestra conversación.

¿Qué fue primero, buscar asesoría o un cambio de mentalidad?

"Creo que el orden correcto sería primero un cambio de mentalidad y después una asesoría. Sin embargo, yo lo hice al revés, busqué primero la asesoría y después un cambio de mentalidad".

¿Qué errores cometiste con el dinero?

"Haber apostado a la minería crypto sin haberla conocido del todo. Gastarme plata que todavía no la tenía en mi bolsillo, basada en proyecciones, en supuestos y confiarme del precio del Bitcoin que siempre iba a subir.

Por otra parte, en 2012 - 2013 comenzó a correr en la oficina el tema del trading, pudiendo ahorrar US$ 2.000 que para la época y en Venezuela era bastante dinero, los que terminé perdiendo por completo".

¿Qué aprendiste de estos errores?

"Del primer error (trading) nada. Dije bueno, eso pasa, algún día, nuevamente volveré a tener ese dinero. El dinero es para gastarlo, caí en esa mentalidad de si tienes el dinero hoy día, y eres joven, aprovéchalo y gástalo. No me importó mucho. Ahí no aprendí mucho. La vida sigue y hay que seguir trabajando duro.

En la segunda oportunidad, con la minería crypto ahí sí aprendí. Hay que tener mucho cuidado, sobre todo en el momento de entrar a inversiones que tu no conoces al 100%. Hay que buscar mejor información, mejor educación antes de hacer cualquier apuesta, ser más medido y dejarme de sueños sin sencillamente tener plata en el bolsillo. Primero sacar la cosecha, tenerla amarrada en su camión y luego hacer planes futuros".

¿Cuáles crees que han sido los mayores logros en tus finanzas personales hasta ahora?

"Haberme iniciado en adquirir el conocimiento para luego haberlo transmitido a mi familia, a mi señora, y mis hijos y que ellos me hayan acompañado mientras disminuía esa deuda y, en el futuro en seguir creciendo y creciendo cada vez más, en que estemos en la misma sintonía, en el mismo camino.

Es muy difícil que solo quieras hacer algo y que al final tu señora piense de otra manera o sencillamente esté sumergida en el tema del consumismo, sobre todo acá en Chile, que es brutal, o que tus hijos te estén presionando para salir, comprar, disfrutar con los amigos, generar gastos que al final se van a comer el poco ahorro que puedas ir generando mes a mes. Así, el mayor logro es poder haber comprendido eso y poder haber transmitido eso a mi familia y que ellos me acompañen en ese camino.

Lo demás es más técnico tal vez, es algo más de meterme al detalle de qué son las finanzas personales, qué es un presupuesto, qué son inversiones y todo lo que involucra.

Obviamente también es importante y es un logro que también considero, el haber involucrado a mi familia cuando tengo dudas. Cuando tengo que tomar una decisión importante, ellos me ayuden a tomar esa decisión, no solamente te consulto a ti como asesor, sino que antes de llegar a ti, ya le he consultado a ellos, ya lo hemos conversado, ya hemos evaluado cuáles son los pro, cuáles son los contra, cómo nos afectan esas decisiones y, una vez que todos estemos de acuerdo, entonces voy contigo y, en base a la conversación que tengamos, se las transmito y volvemos a tener un consenso".

¿Cómo consideras tus finanzas personales ahora?

"Creo que están bien, pero hay que cuidarlas. Hoy hay mayor responsabilidad, hay que dedicarle más tiempo. Me he dado cuenta que la importancia de mi empleo de oficina y la importancia entre mis finanzas personales ahora están como un 50/50, antes era un 90/10, entre empleo y finanzas personales respectivamente. Incluso, lo puedo observar con los colegas, muchas veces me hacen preguntas, vamos a conversar de una inversión inmobiliaria, lo que sea y yo digo listo, hagámoslo así, una llamada y conversémoslo, entonces comienzan a postergar, es que tengo trabajo, que la oficina. ¡Oye, pero es importante esto o no para ti! Entonces veo que la importancia no es la misma y me doy cuenta cuando caen esas pequeñas comparaciones. Entonces digo, las cosas conmigo no son igual, tengo otra sintonía o tal vez tengo otra forma de ver la vida. Esto tiene que seguir, es una bola de nieve que ya eché a andar, solo necesito alimentarla más. Esta es una fase de crecimiento".

¿Qué te permitió dar el salto en estos años?

"Simple, educación financiera y, obviamente la asesoría. La educación financiera me ha permitido tener una vista más clara del panorama, pero tengo muchos buenos caminos, ¿cuál tomo? ¿por dónde me voy? ¿Cómo sigo creciendo? Ahí entra la asesoría, porque si no, es sencillamente caminar a ciegas".

¿Qué aspectos de la asesoría tú crees que pueden haber sido importantes?

"El que puedas haberme mostrado herramientas o panoramas que me sorprendieron y que no conocía. Como un refinanciamiento "para fines generales" con el objetivo de disminuir la carga financiera, así como generar ingresos extras, que ambas cosas se podían

hacer. Ese tipo de limitaciones o barreras mentales me impedían hacer esas cosas y cuando tu comienzas a darme esas herramientas, a aplicar el abanico de posibilidades, las barreras mentales comienzan a caer".

¿Tienes un plan a futuro?

"¡Muchos planes! Mi plan antes en Venezuela era trabajar 20-30 años en una empresa, jubilarme y hacer lo que hacen todos. Pero al estar obligado a salir de mi país, siendo parte de una generación de venezolanos que debía vivir de otra manera, comprendes que serás ciudadano del mundo.

Ahora quiero que mis actividades profesionales se puedan hacer más allá de Chile, en toda la región. Una de las tantas metas que tengo es hacer crecer el patrimonio, y poder trasladar parte de ese patrimonio fuera de Latinoamérica, EE.UU. o Canadá. Ir a uno de esos países en unos años. Ser más nómada y diversificar ese patrimonio y ese radio de socialización. Finalmente, para cuando me decida retirar, es volver a Venezuela o a un país más cercano con clima parecido. Vivir de todo lo que haya dejado en el mundo".

¿Qué metas concretas tienes en los próximos 5 años?

"Recién comencé la nacionalización chilena y tomará algún tiempo, dos a tres años aproximadamente. Luego esperar a que mi hijo termine su enseñanza media y en paralelo comenzar a gestionar, ya sea una Visa canadiense o haber conseguido el dinero suficiente para ingresar a EE.UU. con una Visa de inversionista. Está también en proceso de conversaciones con mi empleador que me voy a mudar a Canadá o a EE.UU., no estoy pidiendo ser parte de la nómina de esos países y estaré dispuesto a recibir ingresos en Chile, a pesar de estar viviendo en otro país".

¿La libertad financiera es un objetivo para ti?

"Sí, aunque a veces siento que no soy yo el que la va a vivir".

¿Hay alguna fecha esperada para lograr esa libertad financiera?

"Tal vez sea un poco exigente, pero pensaba a los 50 a 55 años".

Ahora quiero compartirles algunas reflexiones de la entrevista y cómo sigue la historia.

Esta conversación deja muchas enseñanzas, pero a la vez, a mi como asesor, me deja varios desafíos para trabajar en el futuro, relacionados a cómo seguir optimizando las finanzas personales en el proceso de construcción de patrimonio.

Sin duda, lo que más me sorprendió de la entrevista fue el compromiso familiar de mi invitado relacionado al proyecto financiero. Salir de las deudas, apretarse el cinturón y conversar las decisiones importantes, es algo que yo como asesor no conocía. De hecho, una decisión importante que no fue abordada en la entrevista, fue el vender la propiedad donde vivían para volver a arrendar y comprar más propiedades para inversión. Sabiendo esto, ahora me hace mucho más sentido la decisión, ya que debe haber sido difícil, al representar un cambio de paradigma complicado de abordar familiarmente, pero si hay comunicación, un proyecto conjunto, una visión de futuro y se conversa entre todos, es más fácil tomar cualquier decisión.

Por otra parte, si bien existe el objetivo de la obtención de la libertad financiera, no es del todo claro el logro, o incluso la comprensión del mismo concepto. Por un lado, me comentó que esperaba lograrlo a los 50 a 55 años, lo que es absolutamente factible, conociendo su historia personal y los pasos que ha dado en este corto periodo.

Sin embargo, la falta de convicción se observa al mencionar que *"no soy yo el que la va a vivir"*. De hecho, el objetivo central de la libertad financiera es conseguir ingresos pasivos a través activos que generan esos ingresos recurrentes. Por lo tanto, la idea esencial de la libertad financiera no se trata de construir ahorros para después consumirlos, sino de contar con activos que perduren en el tiempo y tengan la capacidad de financiar nuestro estilo de vida.

Es también habitual, que, en muchos casos, esa construcción de patrimonio, inevitablemente sea concebida para darle un mejor futuro a nuestros hijos, algo ante lo que yo difiero, pero ese tema lo desarrollaré en un próximo libro.

En la actualidad, nuestro primer entrevistado ha podido construir hacia fines de 2022 un patrimonio de $140.000.000 (activos menos pasivos), que involucra la compra de 3 propiedades, valorizadas actualmente en torno a $60.000.000 si es que se liquidaran, y ahorros por $80.000.000.

A la fecha de cierre de este libro, él sigue en el mismo trabajo desde que nos conocimos, con un aumento salarial desde los $2.800.000, a inicios de 2018, a ingresos de $3.600.000 a fines de 2022. Sin embargo, lo más importante es que ahora no tiene deudas de consumo y ahorra constantemente mes a mes.

Segunda entrevista: Ingresos Pasivos

Poco antes de finalizar el borrador final de este libro se incorporó el capítulo de entrevistas. Gracias a las coincidencias de la vida, me reuní en esos días con un antiguo cliente, al que conozco bastante ya que hace más de 6 años recibe nuestras asesorías en Patrimore.

Por esto, he sido testigo de su evolución y construcción patrimonial a lo largo de los años. Sin embargo, no estaba al tanto del objetivo que estaba persiguiendo en la actualidad, el que simplemente me pareció increíble y digno de compartirlo a través de estos casos de éxito.

Como lo he mencionado anteriormente, la búsqueda de la libertad financiera para muchos puede ser un objetivo lejano, que implica sacrificios, una larga espera a través de los años y, por lo mismo, es fácil perder la motivación en el camino.

Por otro lado, uno de los principales objetivos de cualquier padre de familia, es poder entregarles educación de calidad a sus hijos. En Chile, actualmente, la educación pública no es vista con muy buenos ojos y, por consiguiente, un gran anhelo de las familias es poder financiar una educación privada para sus hijos, la que, además, ha visto incrementos considerables en los precios, acentuados aún más, con el alza de la inflación.

Finalmente, las acciones chilenas han tenido caídas dramáticas en el último tiempo. Un mercado bajista de varios años, por expectativas poco alentadoras, ha permitido encontrar oportunidades nunca vistas. Las utilidades de muchas empresas han seguido estables, pero con una cotización por el suelo, la alternativa para los inversionistas es recibir altísimos dividendos respecto a los precios que pagan por dichas acciones.

Hago esta larga introducción a la historia de éxito que les presentaré, ya que nuestro invitado en cuestión se encuentra construyendo una cartera de acciones chilenas, que a través de los dividendos que entregan estas empresas, podrá financiar la educación de sus dos hijos.

El inicio a fines del 2016

Él es chileno, tiene 40 años, de profesión ingeniero civil eléctrico, casado y padre de dos hijos, de 1 y 4 años. Llegó buscando asesoría financiera al encontrarnos a través de Google, llamándole poderosamente la atención el concepto de "planificación financiera".

En ese entonces tenía ingresos de $1.600.000 y contaba con 2 propiedades, más una tercera en camino, a punto de comprarla, y 2 promesas más de compra adicionales, para 2017 y 2018. De hecho, esa era la gran inquietud que tenía, si le iba a alcanzar para concretar la compra con la obtención de los respectivos créditos hipotecarios. Sus ahorros en ese momento eran de aproximadamente $15.000.000, repartidos principalmente en Fondos Mutuos.

Originalmente, hace 5 o 10 años atrás, ¿cuál era tu relación con el dinero?

"Tenía menos gastos, tenía un nivel de vida en el que me consideraba hasta cierto modo privilegiado, no me daba grandes lujos, tengo el mismo auto desde el 2010/2011. Prefería salir a comer con mi polola de ese entonces, viajábamos harto, darme el lujo de vivir cosas, antes de gastarlo en lo material, y aprovechaba de juntar plata".

¿Y qué fue primero?, ¿un cambio de mentalidad interno, de relacionarte de manera diferente con tus finanzas, o buscar asesoría para tomar ciertas decisiones?

"Llegué en 2016 a Patrimore (ex Ruvix). Me vi con dos departamentos y dije, igual es bastante. De hecho, cuando los terminé de pagar, si valen 2000 UF cada departamento, son 4000 UF, y cuando lo calculé en pesos me di cuenta que era un patrimonio grande, y en esos tiempos lo encontraba mucho, nunca en mi vida lo había imaginado, y como me pagaban, fui ahorrando, y dije, tal vez los puedo pagar antes, pensé, y eso que veo tan lejano que son a 20 años cuando los compré, pueden ser 10 años solamente, en el mejor de los casos pensé.

Después trabajé con otro colega y me motivó a invertir en acciones, pero lo consideraba complicado, así que empecé a averiguar a qué se dedicaba la gente que tenía más plata, y todos tenían acciones, si bien no era el total de sus fortunas, varios invertían parte de su patrimonio en acciones, y el tema de la economía nacional basaba su sistema en el bienestar de las grandes compañías, entonces ahí me fui metiendo.

Ahí perdí plata, pero principalmente porque no lo sabía manejar, esa era mi percepción, y después, leyendo, investigando, llegué a las acciones que pagaban buenos dividendos, pero entraba caro a las acciones, después caía la acción y yo pensaba que no iba a remontar y muchas veces hice la pérdida, y me pasó por desordenado, por trabajar sin información

Finalmente, dentro de las investigaciones que hice en ese momento llegué a Patrimore. Me llamó la atención lo de la planificación financiera, y ahí dije -esto es lo que yo necesito-. Además, dentro de la formación que buscaba había oportunidades para otro tipo de inversionistas, que eran excelentes oportunidades de inversión, pero yo no sabía llegar ahí, no sabía llegar, a quién preguntar, qué ver, cómo poder discernir si era bueno o malo".

Y hoy, ¿cómo consideras que son tus finanzas personales, teniendo en cuenta la evolución de tus últimos 5 años?

"Si tú me preguntas, si hace 10 años atrás hubiese sabido lo que tendría ahora, estaría maravillado, encantado. He superado mis expectativas, aunque ahora por temas de encarecimiento de la vida, aún lo encuentro insuficiente. Cuando salí de la universidad y dije -quiero tener dos departamentos-, o dos propiedades, no tenía idea que los colegios valdrían lo que valen ahora".

La maquinita de hacer dinero

Cuando hablamos de libertad financiera, una de las maneras más simples de comprender este concepto es verlo como una máquina a la cual uno ingresa algunas fichas, aprieta un botón y obtiene dinero. ¡Suena maravillo! como salido de una película mágica de Disney, tal vez en cierta manera irreal, pero absolutamente posible.

Ahora bien, es precisamente eso lo que ocurre cuando uno invierte en acciones, que es la compra de una pequeña participación de una empresa y, literalmente, uno compra una "máquina de hacer dinero". Sabiendo esto, el tema se centra en las cantidades que genera esa "maquinita", ya que en general son muy pequeñas y poco atractivas, pero en Chile vivimos una situación única que nuestro entrevistado aprovechó.

Pensando en lo que viene ¿tienes una planificación financiera a futuro?

"Sí, por supuesto. Cuando nacieron mis hijos, y viendo la experiencia de unos amigos, quedé espantado con lo que cuestan los colegios, y eso no es nada, porque el tema de la universidad sí que es caro. Saqué cuentas y me resigné a que de aquí hasta el final de los tiempos tendría que pagar, así que ante la necesidad de destinar parte del patrimonio que he juntado a pagar eso, pensé en que debería tener un mecanismo, una maquinita que vaya generando dinero, y que después, en modo automático, avanzara en esa dirección. Hoy eso significa tener $600.000 para el pago del colegio de los dos niños".

Entonces, ¿tu plan es tener acciones que paguen dividendos y que te permitan generar $7,2 millones al año?, ¿para cuándo lo ves factible?

"Espero que, de acá a unos 5 años, a pesar de que ya tengo más de la mitad del camino avanzado. Yo calculo a plata de ahora, si se mantiene la tasa de dividendos que pagan estas acciones de un 10%, necesito 60 millones para tener 6 millones al año (para pagar 10 meses de escolaridad). Hoy tengo $40 millones en acciones. Si después, es más, tanto mejor, lo voy reinvirtiendo en mi mini maquinita".

Tienes dos tercios ya, y mientras esperas que tus hijos vayan al colegio, ¿vas reinvirtiendo lo ganado?

"Esa es la idea, para terminar de implementar mi plan, porque los colegios de los más chicos son más baratos, entonces de acá a 5 años puedo absorber el pago de la mensualidad y al mismo aportar algo al fondo para llegar a los 60 millones, ya que desde primero básico hacia arriba es cuando se vuelve más caro, ahí vale $300 mil".

Con este plan, ¿la libertad financiera sigue siendo un objetivo para ti? Y si es así, ¿en cuánto tiempo quieres alcanzarla?

"Sí, lo sigue siendo. Siendo optimistas, espero lograrla en 20 años cuando mis hijos se titulen de la universidad, ahí poder decir, cumplí, ya está pagado todo así que chao".

Situación actual: Costo de oportunidad

Uno de los principales errores que comentemos con el dinero, es que no tomamos en consideración las alternativas a las que renunciamos cuando lo decidimos gastar en algo. De manera inversa, no tomamos en consideración cuantas horas de trabajo cuestan unas zapatillas, una cartera o unas vacaciones, así como tampoco evaluamos en qué se convertiría una salida a un restaurante si ese dinero lo invirtiéramos por los próximos 20 años a una cierta tasa de retorno anual compuesta. Sin duda, este es un ejercicio complejo, pero para cualquiera que tenga como objetivo mejorar sus finanzas personales, es importante tener en consideración los costos de oportunidad a la hora de tomar decisiones con su dinero.

Algo me parece muy interesante en tu decisión, ¿actualmente arriendas donde vives?

"Sí, arriendo, y la razón es que una de las cosas que buscamos es calidad de vida, y dentro de la calidad de vida, era que el colegio tiene que quedar cerca de la casa, y antes perdíamos dos horas diarias de desplazamiento, y ahora el colegio queda a dos cuadras".

Y si ya lograste esa ventaja de la cercanía entre la casa y el colegio ¿por qué no comprar? Si ya tienes 5 departamentos, ¿por qué arriendas donde vives?

"En principio, el departamento donde vivo debe costar entre 8000, 9000 UF, y cuando pienso en utilizar parte de mi capacidad

crediticia en comprar, que si bien es para vivir, no veo que le pueda sacar mucho trote, ya que lo tendría inmovilizado".

Entonces, al momento de comparar su comprar o arrendar, según tus cálculos, te conviene más el arriendo, ¿por qué?

"Sí, porque justamente aquí en el edificio hay un departamento que lo venden, y son como 8500 UF, 8000 UF, entonces hice un cálculo considerando el nivel de las tasas actualmente, y por solo $50 o $60 mil pesos más, transformaría el arriendo en dividendo, pero tendría que colocar un pie y eso involucra inmovilizar parte de mi patrimonio. Entonces, hay un tema de costo oportunidad y ver qué es lo que me conviene más, pongo e inmovilizado eso, o le saco trote al 15%. Para mí no hay donde perderse".

Y tu vehículo del 2011, ¿cuántos kilómetros tiene?

"113.000 km".

¿Por qué no lo cambias?

"Las ganas de cambiarlo están, pero no ha sido prioritario, también es que le agarré cariño al auto, es un Mitsubishi Lancer gris, es un sedán, es económico, no me ha dado casi nunca un problema, así que mejor tenemos otros planes para la plata, como ir de vacaciones, y el auto ha ido quedando de lado cada vez que analizo otras opciones, no ha sido oportunidad".

Después de esta entrevista, me he quedado con una grata sensación de haber sido, en cierta medida, el puente para ir construyendo la libertad financiera de uno de nuestros clientes, en este caso, relacionada a las inversiones financieras, específicamente, en acciones chilenas.

Roberto, al inicio de la asesoría, en 2016, tenía ingresos por $1.600.000 y, en la actualidad, después de casi 7 años, gana $2.250.000 (aumento del 40%). Sin embargo, lo más sorprendente es haber comenzado este proceso con 2 propiedades y un patrimonio líquido, en ese entonces, de aproximadamente $45.000.000, para conseguir 5 propiedades, que si las liquidara se convertirían en $250.000.000 (pre pagando los créditos hipotecarios), más acciones de empresas chilenas por $40.000.000 y otras inversiones financieras por alrededor de $50.000.000, lo que alcanza una suma total de $340.000.000.

Créanme, puedo dar fe de que esto no es casualidad o una simple y bonita historia del estilo "tuvo suerte". Me consta que, en el proceso, ha existido mucho sacrificio, lectura de muchos libros que hemos conversado sobre inversiones, postergar el consumo o disfrute presente, todo por alcanzar la libertad a futuro, además de pensar de manera poco convencional, al no vivir en un departamento o casa propia, algo que perfectamente podría adquirir, privilegiando tener 5 departamentos para inversión.

Por otra parte, también fue una importante decisión asumir riesgos, aprender de los errores y aprovechar de buena manera las oportunidades que se han presentado en el último tiempo, como la caída de las acciones chilenas, para comprar flujos futuros a excelentes precios, que podrán pagar la educación de sus hijos. En este caso, aplica de manera perfecta una de las definiciones que me gustan de la "suerte", que no es más que la perfecta unión entre el conocimiento y la oportunidad.

Para cualquier familia, existen 3 grandes prioridades financieras:

1. una casa propia cada vez más grande y cómoda,
2. a lo menos un automóvil, cada vez más grande y costoso y,
3. La educación de los hijos.

En este caso, podemos ver cómo Roberto ha logrado el éxito financiero gracias a su decisión de siempre arrendar, pagando un monto apropiado para su nivel de ingresos, privilegiando otras cosas como la cercanía con el colegio de los hijos.

De hecho, si algo me llama la atención de su historia, es su opción de mantener su vehículo desde el 2011, con más de 113.000 kilómetros, pero privilegiar construir una cartera de inversión en acciones chilenas que entregan altos dividendos, lo que terminará pagando el colegio de sus hijos.

Sin duda, esta entrevista deja enormes aprendizajes respecto a la forma de vivir que mantienen muchas familias en la actualidad y, cómo con la educación financiera correcta, podemos ser capaces de construir un futuro mejor.

Tercera Entrevista: Finanzas en pareja

La historia que les contaré, real por supuesto, es una de las experiencias más increíbles que me ha tocado seguir de cerca como asesor financiero. De hecho, por el crecimiento natural de la empresa, los últimos clientes que alcance a "tomar" y hacerles asesoría directa, fueron durante el 2020, en plena pandemia. Es más, tuvo que pasar un poco más de 2 años para conocernos en persona con este maravilloso matrimonio, al que acompañé a distancia durante ese periodo.

En los extractos de la entrevista que les compartiré, podrán conocer diversos aspectos, que, desde mi punto de vista, son los realmente importantes para poder comprender la evolución que experimentamos a lo largo del tiempo en nuestra relación con el dinero.

Una historia familiar siempre nos marca de una otra manera. La importancia de nuestros padres en nuestra formación (o deformación) respecto a los temas relacionados al dinero, emprendimientos fallidos, dudas de volver a intentarlo, la necesaria resiliencia, sueños que nos acompañan, dejarse asesorar, una mente abierta a nuevas ideas, son algunos de los ingredientes que destacan en la conversación sincera que tuvimos.

A continuación, les comparto algunos pasajes de nuestra conversación para ser parte de este libro.

¿Cuál era su relación con el dinero hace cinco o diez años atrás?

"(Facundo) Llevamos poco más de 8 años de matrimonio. En primer lugar, siempre han estado en nosotros esas ansias, estas ganas de crecer y de entender el funcionamiento del dinero, pero siempre con una especie de sesgo negativo con respecto a que tener dinero era casi algo malo, frívolo, como que la ambición no es del todo buena. Entonces, hace cinco años diría que era más ignorante con respecto al dinero, tenía una idea preconcebida más negativa que positiva del dinero y además no sabía muy bien cuánto ganaba, cuánto gastaba y cómo manejarlo o hacerlo crecer, porque tampoco había un objetivo claro".

"(Mariana) Desde muy chica trabajé, siempre ahorré y, tal vez como una visión algo negativa, siempre me preocupé de estar asegurada. Asegurada porque vi que en el fondo mis papás discutieron tanto por temas de plata que yo no quería que me pasara lo mismo. Pero, y algo que ahora me extraña, a mi mamá no le gusta que le hablaran de temas de plata, porque como que la agobiaba. Y, al contrario, como yo quería asegurarme en ese aspecto, siempre me gustó saber más, pero siempre con una carga muy negativa, siempre muy conservadora, buscando demasiada seguridad, pero como hormiga, guardar, guardar, guardar, porque algo malo puede pasar. Pero a la vez, siempre fui un poco ambiciosa".

Ambos hablan de una carga negativa hacia atrás. ¿Qué les pasa cuando miran su niñez, su adolescencia? ¿Cuál puede ser esa razón de la carga negativa?

"(Facundo) En mi caso fue una relación desde la falta de necesidad económica. Papás separados, los dos con buena situación financiera. Tenía una mamá que es muy trabajadora, actualmente tiene 71 años y sigue trabajando de lunes a sábado, desde las siete y media de la mañana hasta las nueve y media de la noche. ¡Es una locura!

Entonces, mi mamá lo que hizo fue compensar eso, trabajando mucho y nos daban todo lo que necesitábamos. Mientras tanto, había un papá que cumplió con lo que tenía que cumplir, pero en todo lo extra era tacaño. En eso me empecé a dar cuenta que su tiempo lo intercambiaban por dinero y que además hablaban mal de los empresarios, o sea, en el sentido de "que no soy empresario", como casi apuntando a esas personas que se dedican solo a ganar dinero y que explotan a los pobres trabajadores".

"(Mariana) Yo, al contrario de Facundo, siempre pensé en trabajar como una hormiga, siempre, eso estuvo en mi chip. Pero en el fondo yo tenía que ganar tiempo, para mí eso era lo importante. O sea, si estábamos en la universidad y nadie trabajaba y nadie tenía su plata, yo ya tenía que partir desde más arriba. O sea, yo tenía que ganarle al resto en el tiempo. Como salí de la universidad y ya me podía comprar un departamento, porque había ahorrado mucho, entonces, todo el rato estaba obsesionada con eso. Y la carga negativa, efectivamente, yo lo tengo súper claro ¿por qué fue?, porque en el fondo mi papá nunca tuvo plata. En el fondo mi papá siempre trabajaba con plata que no le había llegado. Era como, ya se gastaba lo que todavía no ganaba. Mi papá era militar y se retiró cuando yo tenía 8 años y desde ahí, mi papá siempre estuvo así. Entonces, fue una constante de peleas. Mi mamá se enojaba mucho obviamente, lo apoyaba, pero al mismo tiempo a mi mamá le daba rabia por las malas decisiones de ambición que tomaba. Por lo tanto, yo siempre pensaba que, no me podía pasar eso, porque fue un constante problema entre los dos. De hecho, a mi mamá hasta el día de hoy, tú no le puedes hablar de plata, no le gusta el tema de los negocios, la plata es demasiado mala".

Ustedes se casaron, luego emprendieron y entiendo que les fue muy mal ¿cómo vivieron en pareja ese fracaso?

"(Mariana) Yo tenía mucha rabia porque había cometido los mismos errores de mi papá, y al mismo tiempo tenía mucha rabia con Facundo. Entonces, tenía rabia conmigo y tenía rabia con él".

"(Facundo): Y tenías vergüenza. Era vergüenza y nosotros nos ca-
miseteamos con eso. Y de repente de un día para otro, nuestro gim-
nasio se acabó. Y a mí me da lo mismo, pero Mariana quería escon-
derse bajo la tierra. Y yo era, -mi amor, siéntete orgullosa, si todas
las personas fracasan en algún momento. Lo pasé pésimo igual, se
me empezó a caer el pelo.

Ella se angustió mucho, se acostaba llorando todas las noches. Y yo
un día le dije, -mi amor, yo lo único que necesito es no escucharte
llorar, por último, si lloras, llora antes que yo llegue, y yo me en-
cargo del tema, pero por favor, ya es mucho para mí, ya no me da el
cuero para hacerme cargo de eso, ya me tiene estresado.

Después, con el tiempo, dijimos - ¿sabes qué? Los dos nos metimos
en esto, somos los dos adultos, apechuguemos, y démosle para ade-
lante y lo superamos".

**Vuelve entonces a ser importante el tema del dinero en la vida.
Antes lo era para sus papás, pero ahora ¿qué importancia tiene
para ustedes el dinero en la pareja, en construir una familia?**

"(Facundo) Hace un tiempo leí a alguien que decía, -el dinero no es
importante para mí, pero impacta en todas las áreas importantes
de mi vida: en dónde educar a mi hijo, en la salud a la cual puedo
acceder, en cómo lo paso bien o mal, en todo impacta el dinero-.
Entonces, si uno tiene conciencia de eso y ocupa el dinero como un
instrumento, le sacas el sesgo negativo y lo ocupas a tu favor. En el
fondo, nosotros hemos pasado por no tener nada y quebrar, vender
los vehículos, de hecho, yo me compré un auto que lo odiaba, el auto
se paraba en los semáforos, era horrible. Además, tenía que ir a ha-
cer un internado a San Felipe, y se me apagaba en la mitad de la
carretera. Yo odiaba ese auto".

¿Qué aprendieron de toda esta experiencia?

"(Mariana) Aprendimos a que no porque te equivocas una vez, o te
va mal, tienes que quedarte sin hacer nada. Obvio que aprendimos

a que los huevos nunca se ponen en una misma canasta, que ya lo sabíamos, pero en verdad el entusiasmo nos ganó tanto, que en el fondo dijimos, -aquí como nuestras ganas son tantas, vamos a pelear contra viento y marea-, y en verdad eso no es así. A pesar de que uno pueda estar muy seguro de algo, siempre tiene que diversificarse, siempre. Además, hay que asesorarse también, cosa que no hicimos porque pensamos que con las ganas era suficiente.

También aprendimos que no hay que quedarse con esas etiquetas que te pone la gente, porque en el fondo a nosotros nos dijeron: -Ya, les fue mal, involucraron a sus familias y también lo pasaron mal, pero ahora que tú eres dentista y tú eres periodista, dedíquense a hacer lo que ustedes saben hacer y no hueven prácticamente más-. En verdad, en un momento sí, yo dije -ya se acabó aquí la tormenta-, ahora me pongo de nuevo como hormiga. Y en verdad, si hubiese seguido en ese camino, probablemente no estaríamos donde estamos hoy".

(Facundo) Algo que me dejó, es que me importe menos lo que dice el resto. Porque, mi papá decía, -yo sabía que esto iba a pasar. Pero no te lo quise decir porque para qué desanimarte y me dicen que soy un viejo criticón y que no sé qué-. Entonces, yo creo lo mismo que Mariana, -tú ahora dedícate a lo tuyo, y ella a lo suyo, quédense tranquilitos, se compran una casita y listo, fin del tema, y no se muevan de ahí hasta 40 años y más-. Pero tú no puedes imponer esa visión de la vida, esa medida del éxito a otros. Yo de alguna forma agradezco hoy, que hayamos pasado por todo eso. Siempre digo que hicimos un MBA al emprender.

De verdad, nos tocó cagarla, nos tocó reconocer el error, nos tocó enmendarlo y nos tocó ponernos de pie. Eso también es un aprendizaje. Es como que te puedes caer. A veces por tu culpa, a veces porque la vida es un poquito así, pero tienes que pararte, seguir y buscar lo bueno que tienes. Lo otro es lo que decía Mariana, la importancia de diversificar. No creerse que, porque tenía muchas ganas y mucha voluntad, las cosas van a salir como tú piensas, es necesario colocarse en un escenario bueno, uno más o menos y uno malo, siempre, además de asesorarse en lo que uno no maneja. Eso lo aprendí. Entonces de ahí nació todo esto, de empezar a escuchar libros, de la asesoría financiera, de tener un abogado más o menos como de cabecera, para preguntarle cosas, de tener un buen contador, de repente tener algo similar a lo que hablamos de un coach, un psicólogo, alguien para conversar, para mirar dónde estoy. O sea, uno empieza a pensar, como esto me dejó muchas más lecciones que cosas relacionadas con la plata".

¿Qué fue primero, ese cambio de mentalidad o la asesoría? ¿Qué creen ustedes que fuese ese cambio de chip que en algún momento se generó?

"(Facundo) Creo que primero fue una semillita de curiosidad, de quiero aprender más, y que después, con una asesoría, tomó forma, que este dibujo mal hecho, este bosquejo, de repente empezó a incorporar ideas que nos abrieron a otros mundos, y eso te abre a un nuevo objetivo al final".

"(Mariana) Sí, yo opino súper parecido. Había algo en nosotros que, puede ser que se me hubiese cruzado por la vista muchas veces antes, pero quizás antes no hubiese hecho clic. O sea, nosotros teníamos algo adentro que ya sabíamos, pero nos faltaba la ejecución, ya teníamos algo andando, porque por eso mismo teníamos la inquietud de invertir, de la inversión inmobiliaria y siempre estábamos buscando oportunidades, y en un momento se cruzó lo que necesitábamos, así que fuimos y lo tomamos".

¿Qué creen ustedes que les permitió dar el salto en este último año?

"(Facundo): Yo creo que ya teníamos la experiencia y en el fondo, nos dimos cuenta que nuestra esencia era buscar cosas, era emprender. Por lo tanto, fue -ok tirémonos de nuevo-, pero con un riesgo más controlado, y empezamos a estar más atentos. La primera reunión que tuvimos y te contamos los ahorros que teníamos en ese momento, las

propiedades que solo Mariana había comprado y en donde dijimos ya, -nosotros queremos libertad financiera-. Hicimos un Excel súper rústico, -si pensamos en cinco años más, ahorramos tanto por año, a un 8% de rentabilidad y así-. Eso fue el primer motor, algo concreto. Ya teníamos que hacer algo, -necesitamos ganar más que esto-. Además, si no hubiese sido por ti Sergio, no hubiéramos logrado lo que logramos. O sea, de verdad, desde la recomendación del contador, hasta la seguridad que te da el tener a alguien que le puedas preguntar cosas y que sepa más, de verdad, hubiese sido imposible lograrlo. Y lo hemos conversado muchas veces. O sea, el asesorarse o el tener un coach es clave, es clave, no puedes lograrlo sino, sobre todo si tu vienes de una familia donde no se habla de esto".

"(Mariana) Mi mamá me decía, si ustedes ya ganaron X, ¿cuáles son las ganas de querer ganar más? Yo me acuerdo que me quedé con eso, pero al mismo tiempo ya veníamos trabajando contigo, y en el fondo, yo decía: -a ver, pongamos las cosas sobre la mesa y los paños fríos, pensemos bien como irá todo, pero no, es obvio que hay que hacerlo-. Entonces obvio que se da con una madurez en cuanto al tema, y en cuanto al haberse asesorado, y en nosotros también, en estar constantemente en esa búsqueda. Yo me acuerdo que, antes de que partiera todo esto, en las noches nos juntábamos con Facundo".

"(Facundo) Teníamos reuniones, como brainstorming".

"(Mariana) En mi caso, yo creo que, dejando de hablar tan mal siempre del miedo, a mí el miedo también me moviliza a hacer cosas. Entonces, justo vino la pandemia, Facundo no podía trabajar y en mi caso el miedo me movilizó rápidamente, fue como -hay que hacer algo-, y al mismo tiempo ya veníamos con el bichito de que hay que hacer algo, hay que ganarle un poco al tiempo".

Para ir cerrando, pensando en el futuro ¿tienen alguna meta, un objetivo planteado, como para los próximos cinco o diez años?

"(Facundo) En esta locura que fueron los últimos dos años, una locura maravillosa y sana, estoy agradecidísimo, cuesta a veces parar

y decir, ya, dónde estoy, para dónde quiero ir. Y hoy justamente al tener más recursos, de todo tipo, me refiero monetarios, por la experiencia, profesionalmente, desde nuestra situación de familia, qué sé yo, al tener más cosas, también se te abren más caminos posibles. Yo por lo menos, siento que he vuelto al primer objetivo que nos pusimos alguna vez, que era el tema de la libertad financiera, tener más tiempo. Sin embargo, tú una vez nos dijiste, -ustedes probablemente nunca van a dejar de trabajar-. Siento que todavía esa es una pregunta. Quiero que tengamos una vida familiar, quiero que sea una vida con tiempo, desafiante profesionalmente, intelectualmente, no de rascarse la guata al sol y nada más. Tener más las riendas de tu vida".

"(Mariana) Es una difícil pregunta. Yo también opino súper parecido a Facundo, como que no lo tenemos claro y creo que no lo tenemos claro porque un poco se nos derribaron esos mitos que teníamos en la cabeza. También los dos nos dimos cuenta que igual queremos un poco más. Entonces, también es como que ahí estamos, ¿cómo compatibilizamos todo?"

Lo impactante de esta historia es poder haber sido testigo de un crecimiento patrimonial explosivo en muy poco tiempo. Cuando iniciamos la asesoría, a inicios de 2020, ya tenían algo avanzado en el ámbito de la inversión inmobiliaria, que es probablemente donde más experiencia tenían, con 4 propiedades a su haber, de las cuales solo una estaba pagada, el resto con deuda, por lo tanto, tenían un valor de liquidación entre $90.000.000 a $100.000.000.

Contaban también con unos ahorros líquidos en instrumentos financieros de aproximadamente $110.000.000 y, por sobre todo, muchas ganas de seguir aumentando su patrimonio en esta búsqueda de la libertad financiera, que era una meta muy clara en el inicio de nuestra relación asesor/cliente.

Después, al momento de la entrevista (fines de 2022), poseían un patrimonio total, incluyendo la posibilidad de liquidar sus propiedades (pre pagando los créditos hipotecarios) y las inversiones financieras, de aproximadamente $1.400 millones, consiguiendo, a mi parecer, la tan ansiada libertad financiera en tiempo récord. Dentro de algunos de sus logros se encuentran la compra de varias propiedades en Chile, un par de propiedades en EE.UU. y cuatro propiedades en México, sumado a inversiones en instrumentos financieros por aproximadamente $500.000.000.

De esta manera, cobra mucha relevancia el concepto de construcción de patrimonio, particularmente el haber vuelto a emprender. Si tuviésemos que segmentar su actual patrimonio familiar, podríamos decir que un 60% es por el negocio que construyeron, 35% inversión inmobiliaria y 5% las inversiones financieras.

Finalmente, como lo mencionamos en capítulos anteriores, existen 3 vías para construir un patrimonio, y la vía rápida es el mundo de los negocios, el emprender. Ahora, para ellos el negocio ha dejado de ser importante y se encuentran en un proceso de reacomodo de las inversiones, poniendo el foco en la consolidación de las inversiones inmobiliarias, y sumando a todo ellos los instrumentos de inversión que puedan generar buenos retornos por dividendos, e ingresos pasivos en el tiempo.

CAPÍTULO XIV

LAS 10 REGLAS DE ORO

Por definición, las reglas establecen un marco de referencia que promueve el orden y la organización en diversos ámbitos de la vida, ya sea en una sociedad, en una empresa, en una familia o en cualquier otro contexto. Sin reglas, prevalecería la confusión y el caos.

Ahora bien, las reglas desempeñan un papel crucial en el ámbito de las finanzas conductuales, que es el estudio de cómo los comportamientos humanos afectan las decisiones financieras. Aquí te explico por qué son importantes las reglas en este contexto:

- **Mitigación de sesgos cognitivos**: Las reglas pueden ayudar a contrarrestar los sesgos cognitivos, que son patrones sistemáticos de pensamiento que pueden llevar a decisiones financieras deficientes. Al establecer pautas claras y objetivas, las reglas pueden reducir la influencia de los sesgos emocionales y cognitivos.

- **Automatización de decisiones:** Las reglas permiten automatizar decisiones financieras. Por ejemplo, establecer una regla para destinar un porcentaje fijo de los ingresos a un fondo de ahorro o inversión puede ayudar a mantener la disciplina financiera, evitando la tentación de gastar en exceso.

- **Control de impulsos:** Las reglas pueden ser una herramienta efectiva para controlar los impulsos y evitar decisiones financieras basadas en emociones momentáneas. Por ejemplo, una regla que establece un límite de gasto mensual en ciertas categorías de tu presupuesto puede ayudar a mantener el control de tus flujos.

- **Establecimiento de metas claras:** Las reglas pueden ayudar a definir metas financieras concretas y alcanzables. Por ejemplo, establecer una regla para ahorrar una cierta cantidad de dinero hacia el término del año, puede convertirse en una forma efectiva de trabajar hacia objetivos de ahorro a largo plazo.
- **Reducción de estrés y ansiedad:** Al proporcionar una estructura y un marco definido, las reglas pueden reducir el estrés y la ansiedad asociados con la toma de decisiones financieras. Saber que hay pautas preestablecidas puede brindar seguridad y confianza.
- **Evitar malos hábitos financieros:** Las reglas pueden servir como barrera contra comportamientos financieros perjudiciales o destructivos. Por ejemplo, una regla que limita la acumulación de deudas por sobre los ingresos, puede ayudar a prevenir problemas financieros a largo plazo.
- **Promoción de la disciplina y la consistencia:** Las reglas fomentan la disciplina y la consistencia en la gestión financiera. Al seguir un conjunto de reglas establecidas, las personas pueden mantener un comportamiento financiero más constante y responsable a lo largo del tiempo.

En resumen, en el ámbito de las finanzas conductuales, las reglas son herramientas valiosas para contrarrestar sesgos cognitivos, automatizar decisiones y promover comportamientos financieros saludables y responsables. Junto con esto, las reglas proporcionan una guía objetiva que puede ayudar a las personas a alcanzar sus metas financieras de manera más efectiva.

Sabiendo las ventajas que nos puede dar seguir algunas reglas, es que en el último capítulo te quiero simplificar la vida y entregarte algunas pautas que te permitirán lograr tus objetivos en "modo piloto automático".

Reglas de ahorro

¿Cuánto debemos ahorrar mensualmente?

Si pretender tener unas finanzas ordenadas y tu fin último es alcanzar la libertad financiera, ahorrar es el comienzo. Podríamos decir que después de todo lo hablado en este libro, el punto de partida debería estar en lograr un ahorro mensual de a lo menos 10% de tus ingresos. Sin embargo, para avanzar más rápido y definir un objetivo concreto en cuanto a un plazo determinado, es necesario realizar algunos cálculos que permitan establecer un objetivo a lograr.

Muchas veces el mencionar cuánto es lo que deberías ahorrar mensualmente puede llegar a ser doloroso, ya que evidentemente debemos sacrificar consumo presente por libertad futura. Es totalmente natural que no se logre dimensionar el impacto que tiene el ahorro con el paso del tiempo, pero si te digo que el "premio" concreto lo puedes lograr en 10 o 20 años, la motivación cambia radicalmente al tener un objetivo concreto a cumplir.

1. Primera meta importante: Logra acumular $100.000.000 o US$100.000

Ya hemos dicho en varias ocasiones que, en temas relacionados al uso del dinero, no es tan importante ser extremadamente hábiles con los números, sino que lo realmente fundamental es alcanzar un alto control emocional y de nuestras conductas respecto a nuestros ingresos y gastos.

Soy un convencido que para lograr grandes sueños debemos estar motivados. Si ahorramos $100.000 mensuales, el impacto que tendrá la acumulación de ese ahorro en el tiempo será irrelevante en cuanto a las ganancias que nos entregue. Por la misma razón, no es de extrañarnos que al poco tiempo podamos caer en la tentación de dejar de ahorrar y gastarnos ese dinero.

En concreto, si ahorramos $100.000 mensuales, es decir, $3.000.000 en poco más de 2 años, lo que significa una rentabilidad del 10% anual, el resultado representará una ganancia de $300.000 en doce meses, o $25.000 mensuales, monto que con suerte nos servirá para pagar una cuenta telefónica o salir a tomarnos un desayuno con nuestra pareja. Viéndolo así, ese esfuerzo de años tiene un resultado poco atractivo para muchas personas.

Por ese motivo, en los primeros años de ahorro, el foco no debería estar en obtener grandes rentabilidades. Si seguimos ese camino, necesariamente deberíamos tomar grandes riesgos y, por lo tanto, puede pasar todo lo contrario, perder dinero y frustrarnos.

Por esto, en los primeros años debemos hacer todo lo posible para acumular, acumular y acumular ahorros ¿hasta qué punto? Hasta que logremos $100.000.000.

La razón de este número, es que con la misma rentabilidad del 10% anual del ejemplo anterior, obtendríamos $10.000.000 al año, u $833.333 mensuales, que sin duda nos permitiría obtener un ingreso pasivo con el que podríamos pagar varias cuentas e incluso, lograr cierta libertad financiera.

Este número es una referencia, ya que para diferentes niveles de ingreso puede llegar a ser mucho o poco dinero. Lo relevante es que podamos expandir nuestra mente, pongamos el foco en aumentar nuestros ingresos, veamos alternativas de negocios y en un plazo razonable de 5 a 10 años, poder acumular una cantidad de ahorro importante, que sea entre 30 a 50 veces nuestro ingreso mensual.

Lo atractivo de este objetivo es que es muy concreto y, además, nos libera en cierto modo de tener que buscar grandes rentabilidades en los primeros años.

Una de las grandes ventajas del "interés compuesto" en diferentes ámbitos de la vida, es el factor acumulativo. Cuando se trata de aprendizaje, cada lectura nueva, cada experiencia invirtiendo y los mismos acontecimientos de la economía y los mercados, nos permiten poder acumular conocimientos que, en el futuro, cuando hayamos conseguido una gran suma de dinero, podamos administrarlo de la mejor manera posible.

Reglas de inversión
2. La Regla del 72

La Regla del 72 es una fórmula utilizada en finanzas para estimar aproximadamente cuánto tiempo tomará duplicar una inversión a una tasa de interés compuesto constante. La regla se expresa de la siguiente manera:

Tiempo (en años) ≈ 72 / Tasa de interés anual compuesta

Por ejemplo, si tienes una inversión que crece a una tasa anual compuesta del 6%, según la regla del 72 tomaría aproximadamente 12 años para duplicarse (72 / 6 = 12).

Es importante recordar que la regla del 72 es solo una aproximación y funciona mejor para tasas de interés compuesto moderadas. De hecho, en casos de tasas muy altas o bajas, la precisión de la estimación puede ser menor. Así que, si estás haciendo inversiones serias, es recomendable utilizar herramientas financieras más precisas para hacer cálculos, aunque sin duda, la Regla del 72 es una buena aproximación.

Por la misma razón, si consideramos que las rentabilidades históricas de una amplia gama de clases de activos son del 7% al 10% anual, estamos hablando que podríamos duplicar nuestro capital entre 7 a 10 años, lo que refuerza las reglas anteriores en la importancia de ahorrar lo que más podamos en los primeros años.

Reglas para vivienda
3. Regla del 25%

Una regla bastante común e impuesta por las instituciones financieras en Chile es la posibilidad de pagar un dividendo máximo del 25% de nuestros ingresos.

Esta es una regla muy estricta y permite resguardar la estabilidad financiera del sistema, en donde se evita que los bancos y otras instituciones financieras puedan asumir mayores riesgos y, por ende, generar un eventual "riesgo sistémico" que, en caso de ocurrir una crisis, lleve a algunas instituciones a quebrar, lo que termina generando un contagio generalizado a otras instituciones y, finalmente, a las personas. Esto ocurrió en EE.UU. para la *Crisis Subprime*, situación que no afectó a Chile mayormente, ya que había aprendido la lección en la crisis bancaria de los 80's.

Si bien ésta es una limitante a la hora de pedir un crédito hipotecario, también lo es para calificar al arriendo de una propiedad. Sin embargo, la regla del 25% es una buena restricción para limitar nuestras intenciones de vivir en un lugar que sea demasiado costoso y, por ende, que nos afecte en el presupuesto mensual, nos limité en el ahorro y nos impida conseguir otros objetivos. De todas formas, es natural caer en la tentación de "inflar" nuestro estilo de vida y querer vivir siempre en un lugar más grande, más cómodo y en un mejor barrio, aunque lo importante es ser consciente de ello.

Si bien esta restricción la flexibilizan algunas instituciones financieras a medida que aumentan sustancialmente los ingresos, es y seguirá siendo una buena regla de autocontrol personal.

4. Precio máximo que pagar de una propiedad para vivir

Nadie nos enseña a gastar. Con suerte nos enseñan a ganar nuestro dinero. Por la misma razón, teniendo en cuenta que tradicionalmente se ha visto la compra de una propiedad como el principal "activo" de muchas familias, que es seguro y que los precios siempre suben, puede dar casi lo mismo comprar la casa o departamento más costoso que se pueda.

Es difícil que nuestros amigos o familiares nos critiquen si nos compramos una propiedad, es más, ocurre todo lo contrario, es una fuente de admiración y una demostración de un estatus alcanzado y de "lo bien que nos ha ido".

Pero, ¿qué pasa si compramos caro?, si nuestro presupuesto se ve afectado ya que tuvimos que desembolsar muchos ahorros, o ahora esa nueva propiedad se debe mantener y financiar gastos recurrentes que pueden ser realmente elevados, como la seguridad, gastos comunes, etc.

De hecho, lo que limita el valor de una propiedad suele ser el dividendo, que como mencionamos en la regla anterior, debe representar máximo un 25% de los ingresos. Por esta misma razón, cuando los precios de las propiedades aumentan mucho de valor, lo que suele suceder en el mercado financiero, se tiende a ampliar el plazo del financiamiento, es decir, la cantidad de años durante los que se pagará el crédito hipotecario.

Hace algún tiempo atrás, el mayor plazo para financiar una propiedad en Chile era de 20 años. Luego aumentó a 25 y 30 años, plazo que permite reducir el valor de la cuota y, por ende, cumplir con la restricción del 25%. Es más, en algunos países desarrollados, los plazos de financiamiento llegan a ser de 40 años.

Pero la principal restricción que deberíamos considerar a la hora de adquirir una propiedad está relacionada a nuestros ingresos. De hecho, prácticamente en todo lo relacionado a nuestros gastos, el ingreso pasa a ser un factor determinante.

En ese sentido, el precio máximo a pagar por una propiedad debería ser de aproximadamente 35 a 40 veces nuestros ingresos mensuales. A modo de ejemplo, si una persona o una pareja gana $2.000.000 mensuales, podría adquirir una propiedad por hasta $80.000.000.

Si adquirimos una propiedad cara, podríamos considerar un valor de 50 veces nuestros ingresos, mientras que una compra atractiva o barata, sería por menos de 35 veces nuestros ingresos anuales.

Si queremos vivir en un lugar mejor, deberíamos aumentar nuestros ingresos y respetar estos límites. De lo contrario, el esfuerzo financiero que realizaríamos nos podría limitar en otros objetivos, gastos o inversiones que también debiésemos realizar a lo largo de nuestras vidas.

Por último, otra consideración importante es que la deuda que adquirimos para comprar una propiedad destinada para nuestra vivienda, debería quedar pagada idealmente antes del momento en que dejemos de percibir ingresos. A modo de ejemplo, si nos jubilamos a los 65 años en promedio, un crédito hipotecario a 20 años debería ser solicitado máximo a los 45 años.

5. Comprar o arrendar: Arrendar con *cap rate* de 4% o menos y comprar sobre 6% o 7%

Para muchas personas, uno de sus principales objetivos financieros es adquirir una propiedad para vivir. En Chile es habitual mencionar un dicho muy popular y arraigado en nuestra sociedad, como es "el sueño de la casa propia". Pero en los últimos años, con el aumento acelerado de los precios, y sin señales de que se moderen, cada día es una alternativa más atractiva arrendar en vez de comprar. Esto no quiere decir que no compremos una propiedad, sino que el foco se debe colocar en privilegiar una compra con fines de inversión.

Actualmente, es bastante eficiente en términos financieros arrendar versus comprar, considerando especialmente el valor de los arriendos. Ya hablamos anteriormente del concepto *"cap rate"*, que es el arriendo anualizado dividido por el valor de la propiedad. Si el *cap rate* es bajo, significa que el valor de la propiedad es alto respecto al precio del arriendo, mientras que un *cap rate* alto, quiere decir que el valor de la propiedad es bajo respecto al precio que se paga por los arriendos.

En zonas consolidadas de la ciudad, generalmente los *cap rate* son más bajos, lo que quiere decir que el valor de la propiedad es elevado. Esto tiene directa relación con la escasez de terrenos, los servicios disponibles en estas zonas y adicionalmente, la buena conectividad que pudiese tener en cuanto a ubicación y opciones de transporte. A modo de ejemplo, las grandes capitales del mundo como Nueva York, Paris o Londres, se caracterizan por tener precios de compra/venta muy elevados respecto a los valores de arriendo, por ende, los *cap rate* suelen ser menores al 4%.

Teniendo en consideración estos aspectos, deberíamos privilegiar arrendar con un *cap rate* de 4% o menos, y comprar con un *cap rate* sobre 6% o 7%.

Esto podríamos considerarlo como una regla, aunque existe una zona gris en los *cap rate* en torno al 4% a 6%, en que se podría agregar otra consideración importante, como es la potencial plusvalía en el tiempo.

Reglas de endeudamiento
6. Deuda de consumo saludable

Soy un convencido que la deuda es nuestra amiga y tiene como principal función acelerar el proceso de construcción de patrimonio. Lamentablemente, en nuestra sociedad actual, la deuda es vista con malos ojos, esto porque la raíz del problema radica en el consumo y en querer todo ¡ahora ya!

Debemos asumirlo, esta es la principal razón por la que nos endeudamos y comenzamos a construir esa pesada "mochila" que cargamos.

El último smartphone, los pasajes baratos para una escapada de fin de semana o la renovación del automóvil, todas estas alternativas están a nuestro alcance por las facilidades que entrega la banca para acceder a créditos de manera simple y rápida.

Utilizar la deuda nos permite realizar inversiones y comprar activos que aceleren nuestra construcción de patrimonio, pero junto a esto, debemos conocer cuáles son los límites, para que al final nuestra decisión no se transforme en una pesada carga.

Si estamos en proceso de comprar una propiedad con crédito hipotecario, la deuda de consumo no debería superar los 3 o 4 ingresos mensuales. Pero, si no tenemos que adquirir nueva deuda, el límite podría situarse en torno a 7 veces nuestros ingresos mensuales.

Considerando esto, diría que una deuda de consumo de hasta 10 veces es manejable, pero a medida que superamos este límite, la mochila que cargamos y los intereses que pagamos por esa deuda se transformarán en un viaje sin retorno.

Así, la única manera de revertir una situación como esa es poner el foco en aumentar los ingresos, lo que significará lograr mayores excedentes respecto a nuestros gastos habituales y así, poder disminuir la deuda de consumo, volviendo a un equilibrio sostenible.

7. Carga Financiera Mensual

La Carga Financiera Mensual es el porcentaje de nuestros ingresos que se destina para pagar cuotas de diferentes créditos. Si anteriormente establecimos que el porcentaje máximo que deberíamos destinar para pagar un crédito hipotecario era el 25% de nuestros ingresos, ese límite puede aumentar con créditos de consumo hasta un cierto nivel razonable.

Cualquier persona o familia, necesita ingresos para poder cubrir sus gastos básicos de vivienda, servicios básicos, alimentación y transporte, solo por mencionar algunos. Todos esos gastos no pueden ser menos que una canasta básica, pero tienen un límite o techo superior. Evidentemente podemos ser excéntricos en lo que comemos, al igual que en la forma en la que nos transportamos, pero evidentemente esas son excepciones.

Por la misma razón, con menores ingresos, el máximo de carga financiera no debería superar el 40%, pero a medida que aumenta el salario mensual que percibimos, podríamos aumentar nuestra carga financiera a niveles del 50% o 55% de los ingresos totales.

Evidentemente, si nos encontramos en una situación de Carga Financiera Mensual del 50% o más, es difícil poder financiar normalmente nuestros gastos habituales y además ahorrar. Sin embargo, si la deuda que adquirimos en algún minuto nos permitió poder invertir en una propiedad, negocio o activos financieros con rentabilidades superiores al costo de la deuda, podría darse esa situación.

Reglas sobre algunos gastos importantes
8. Valor del automóvil o Costo Mensual de Transporte

Uno de los gastos más inútiles es la compra de un automóvil y todos los costos involucrados para su uso y mantención. Realicemos una lista rápida de algunos de ellos: combustible, estacionamiento, seguros, patente anual, mantenciones, peajes y depreciación.

Todos estos gastos tienen directa relación con el valor del automóvil. Por ejemplo, a mayor precio del vehículo, mayores costos en seguro, patente, mantenciones y depreciación. Ahora bien, si a todos estos gastos, sumamos el costo financiero de comprar un vehículo con deuda, evidentemente el costo final puede aumentar considerablemente.

En este punto surge la decisión racional de tener un vehículo o trasladarse en transporte público, taxi o a través de plataformas digitales. Esto dependerá que tan cerca vivamos del trabajo, colegios o de nuestros familiares y amigos que visitamos. También esta decisión estará determinada por los tiempos de traslado y la comodidad que significa una u otra opción.

En muchos casos es inevitable disponer de un automóvil, pero podemos optimizar el valor del mismo, así como la cantidad de vehículos que se tienen en una familia.

Hay decisiones que cuando se toman, no hay vuelta atrás. Desde el momento en que se adquiere un vehículo, es prácticamente imposible volver al uso del transporte público. Por esa razón, se debe considerar, de la manera más objetiva posible, el costo de oportunidad que representa el tener un vehículo propio versus el uso del transporte público.

Teniendo en consideración todos estos aspectos, el costo mensual de transporte para una familia de 4 personas, no debería superar el 10% de los ingresos. Haz los cálculos y te sorprenderás cuanto gastas mensualmente en tener un vehículo, pero recuerda que tu cálculo debería incluir todos los gastos que mencionamos anteriormente, de manera anualizada y luego dividirlo por los 12 meses del año. Adicionalmente deberías considerar los gastos en transporte público y ver la posibilidad de hacer alguna optimización de ese ítem en tu presupuesto. ¡Te sorprenderá el resultado!

9. Presupuesto para viajes

En la actualidad, para una parte importante de la población, uno de los principales objetivos es viajar. A mí me encanta y desde hace años que decidimos con mi esposa viajar de manera regular.

Hubo una época en la que hacíamos muchos viajes cortos, de 2 o 3 días, ya sea por el fin de semana o fin de semanas largos (incluyendo días feriados). No obstante, nos dimos cuenta que esta forma de viajar no tenía mucho sentido. Si bien evidentemente se disfruta ir comer ricos ceviches y buenos pisco sour a Lima por unos 3 días, el que vivamos al fin del mundo, al sur de Chile, el costo del pasaje y el tiempo involucrado, no hacía que nuestra práctica de viajar fuera una decisión óptima.

Lo mismo nos pasaba con viajes de una semana al caribe o Nueva York, en donde el gasto del pasaje y los tiempos de traslado eran considerables. Por esta razón, nuestra estrategia de viajes cambió radicalmente, disminuyendo la cantidad de escapadas por un fin de semana largo, por viajes que se extiendan más allá de 10 días.

Acá nos encontramos con un conflicto entre ahorro y goce. Probablemente para muchas personas el ahorro sea para poder viajar. Sin embargo, el ahorro debería ser para construir libertad, por ende, debería ser considerado para el largo plazo y no debería ser tocado ese ahorro en las próximas vacaciones.

Entonces, ¿cuánto deberíamos ahorrar o gastar para viajes, un objetivo que suele ser de corto plazo?

La respuesta es que el presupuesto de viajes tampoco debería superar el 10% de nuestros ingresos.

De esa manera, si consideramos el ahorro tradicional para conseguir libertad en el futuro, y ese ahorro no debería ser menor al 10%, mientras que el destinado para viajes o vacaciones sea otro 10%, nuestro ahorro mensual debería ser por lo menos un 20% de nuestros ingresos mensuales.

10. Gasto en educación

Uno de los mayores anhelos de cualquier padre o madre, es darles la mejor educación posible a sus hijos. En Chile, existen grandes diferencias entre la calidad de los establecimientos de educación públicos y privados, lo que ha llevado a que las clases sociales media y media alta realicen todos los esfuerzos posibles, especialmente económicos, para ubicar a sus hijos en los mejores colegios que puedan.

Esto ha llevado a muchas familias a incurrir en elevados costos relacionados a la educación, entre los que aparecen cuotas de incorporación, matrículas, mensualidades, implementos, transporte, etc. Adicionalmente, la incorporación a talleres extracurriculares, jornadas extendidas, y en la enseñanza secundaria (llamada media en Chile), reforzamiento para preparar las pruebas de ingresos a la universidad. Todas estas variables pueden representar un costo elevado asociado a la educación de nuestros hijos.

En mi experiencia como asesor, he trabajado de cerca con instituciones de educación que han entregado ayudas a padres con problemas económicos, situaciones en que he visto que el costo de educación para una familia con 2 a 3 hijos, puede llegar a representar un 30% o 40% de los ingresos familiares. Esto es literalmente un suicidio financiero, teniendo en cuenta todos los demás gastos en los que naturalmente una familia debe incurrir.

En consecuencia, si queremos entregar una mejor educación a nuestros hijos, debemos inevitablemente poner el foco en nuestros ingresos, aumentándolos al máximo, para que, de esa manera, este ítem del presupuesto no supere un 10% de los gastos mensuales.

EPÍLOGO

Este libro lo comencé por allá en 2018, sin una idea muy clara y definida de lo que quería transmitir, pero siempre relacionado al ámbito de las finanzas personales. Por la misma razón, durante este largo proceso que se extendió por más tiempo del que hubiese imaginado, pasaron muchas cosas, algunas relacionadas a mi transformación personal, otras a la transformación de la empresa que fundamos, además de la evolución de los clientes que he asesorado y, por sobre todo, he podido finalizar un texto que se ha enriquecido con el paso del tiempo y las experiencias ganadas durante estos años.

Entre las cosas más trascendentales que han ocurrido en este largo periodo está el confirmar mi pasión por transmitir conocimientos a través de diferentes medios, ya sea en la universidad, de manera presencial o telemática, realizar charlas y conferencias, el trabajo personalizado uno a uno con mis clientes, cursos digitales, el canal de YouTube, las diferentes redes sociales y, de ahora en adelante, a través de la escritura. Desde este momento me convierto en escritor y espero seguir transmitiendo ideas y conocimientos a través de este noble medio.

Durante mi viaje, he podido refinar mis sueños y objetivos, consiguiendo muchos de ellos, aunque todavía faltan bastantes por concretar. Aprendí nuevas habilidades y logré certificarme como Coach, así como realizar un cambio rotundo de vida, al irnos a vivir al sur de Chile, un anhelo de largo plazo que pudo concretarse antes de lo que soñábamos. Entre medio pudimos seguir viajando por el mundo y ver titularse a mi hijo en EE.UU.

Sin embargo, me hubiese encantado que mi padre hubiese tenido en sus manos este libro, pero me demoré más de la cuenta y no pudo leerlo y criticarlo sin pelos en la lengua, como siempre lo hacía con todo lo que yo emprendía, para desafiarme y sacar lo mejor de mí. Detrás de sus críticas, con el tiempo entendí que era su manera de mostrar preocupación y hacerme saber que siempre estaba pendiente de lo que yo estuviera haciendo. Te extraño papá y desde algún lugar, sigues estando orgulloso de mí, de mis hermanas y de tus queridos nietos.

Ahora bien, he intentado transmitir en estas líneas, una especie de resumen de los conocimientos que he aprendido en los más de 20 años que llevo en el mundo de las finanzas e inversiones. Asimismo, he podido incorporar otros aspectos que creo son de vital importancia para mejorar nuestra relación con el dinero, los que intuía tenían que ver con el desarrollo personal y el Coaching.

Evidentemente hablamos de varios tópicos esenciales para mejorar nuestra administración del dinero, como la planificación, el ahorro, las inversiones, casos reales de éxito, entre otros. En general, cuando se habla de finanzas personales y libros sobre esta temática, cada día hay más y mejores, aunque creo que una de las cosas que diferencia a uno del otro, es el sello personal que le imprime el autor, en donde he querido condensar muchos de los aciertos y errores que he cometido, tratando de compartir mis experiencias en mi propio manejo del dinero, pero especialmente en la enorme experiencia ganada en los últimos años asesorando a cientos de personas, escuchándolas, acompañándolas, desafiándolas, generando lazos e incluso, construyendo amistades.

Mi motivación por las finanzas personales nace de la falta de educación financiera que existe en la sociedad. Estoy convencido que la educación financiera, en los tiempos actuales, es una habilidad tan necesaria como lo fue en el pasado el aprender a leer y escribir, así como tener nociones básicas sobre matemáticas.

Finalmente, les adelanto que este libro solo es el comienzo de una aventura en la que me encantaría puedan seguir acompañándome. Para mí, este es el fin de un viaje extraordinario. El primero de muchos.

www.ingramcontent.com/pod-product-compliance
Lightning Source LLC
Chambersburg PA
CBHW051149130726
47988CB00005B/2060